改变：让过去过去，让未来到来

伊小帆◎编著

中国商业出版社

图书在版编目（CIP）数据

改变：让过去过去，让未来到来 / 伊小帆编著．—北京：中国商业出版社，2014.8

ISBN 978-7-5044-8658-5

Ⅰ．①改… Ⅱ．①伊… Ⅲ．①人生哲学－通俗读物

Ⅳ．① B821-49

中国版本图书馆 CIP 数据核字（2014）第 151442 号

责任编辑：朱丽丽

中国商业出版社出版发行

010-63180647 www.c-cbook.com

（100053 北京广安门内报国寺 1 号）

新华书店总店北京发行所经销

三河市龙大印装有限公司印刷

*

710×1000 毫米 16 开 14 印张 222 千字

2014 年 9 月第 1 版 2014 年 9 月第 1 次印刷

定价：32.00 元

* * * *

（如有印装质量问题可更换）

前言
PREFACE

我们常常会置身于这样的境况：屡屡失败让我们找不到人生的出路，种种冷遇让我们感到人间充满冷漠，各种压力让我们不堪负重……遗憾、失去、怨恨、苦难等成了我们挥之不去的人生阴霾。

为什么总是遭遇困境？我们怎么做才能柳暗花明？让我们从故事中找答案！

故事一：有两只蚂蚁想翻越一段墙，去吃墙那边的食物。

一只蚂蚁来到墙脚就毫不犹豫地向上爬去，可是当它爬到大半时，就由于劳累、疲倦而跌落下来。可是它不气馁，一次次跌下来，又迅速地调整自己，重新开始向上爬去。

另一只蚂蚁观察了一会，然后告诉它的同伴应该绕过墙去。

很快地，两只蚂蚁绕过墙来到食物前，开始享受起来。

故事二：一天，有一个美丽的少妇投河自尽，被艄公救起。

艄公问："你年纪轻轻的，为何寻短见？"

少妇说："我结婚才两年，丈夫就遗弃了我，接着孩子又病死了。您说我活着还有什么乐趣？”

艄公听了沉吟片刻说：“两年前，你是怎样过日子的？”

少妇说：“那时我自由自在，无忧无虑呀……”

“那时你有丈夫和孩子吗？”

“没有。”

“那么，你不过是被命运之船送回到两年前而已。现在你又自由自在无忧无虑了。请上岸去吧……”

少妇听了大悟：“现在，不就是两年前的自己吗？”从此，她没有再寻短见。

无论是蚂蚁还是少妇，看似都面临绝境，但蚂蚁换一条路线就吃到了美食，少妇换一种念头就开心了，关键在于懂得及时改变。很多时候，我们会遭遇事业失败，会面临人际危机，会产生糟糕情绪……但在遭遇窘境的时候，只要及时改变，我们面前就会是一片充满阳光的开阔地。

处世难是因为方法不对，做人难是因为智慧不够。改变是最实用、最有效的处世智慧，是我们做人做事一定要遵守的原则。那么，在为人处世中，有哪些方面需要去改变，应该怎么“改变”？《改变：让过去过去，让未来到来》将告诉你答案，让你在为人处世中游刃有余。

目录

CONTENTS

第01辑 及时改变人生航向，做人不要太执着

第02辑 让人生留些遗憾，让缺憾成为另一种美丽

第03辑　成大事者能忍会让，把吃亏当成受福

第04辑　淡看恩怨情仇，聪明的人常常以德报怨

第05辑　换个角度看苦难，人生没有什么不可以

第12辑 将清贫当成清修，改变不了现实可以改变心灵

| 第01辑 |

及时改变人生航向，做人不要太执着

人们一向推崇执着的做事态度，认为那是处世的法宝。但很多时候，执着只会让人走进一个死胡同，只有及时调整方向，人生才会“柳暗花明”。及时变通，善于调整自己，这样才能驾驭这个变化莫测的世界。

不知变通的执着是一种错

形势在不断变化，必须关注这些变化并调整行为。事实上，一成不变的观念将带来毫无生机的局面。

对一个人来说，最危险的是墨守成规，不会变通；最糟糕的是得过且过，不思进取。一个人只有不断变通，才能度过危机！

在某个小村落，下了一场非常大的雨，洪水开始淹没全村，一位神父跪在教堂里祈祷，眼看洪水已经淹到他的膝盖了。一个救生员驾着舢板来到教堂，跟神父说："神父，赶快上来吧！不然洪水会把你淹死的！"神父说："不！我深信上帝会来救我的，你先去救别人好了。"

过了不久，洪水已经淹过神父的胸口了，神父只好勉强站在祭坛上。这时，又有一个警察开着快艇过来，跟神父说："神父，快上来，不然你真的会被淹死的！"神父说："不，我要守住我的教堂，我相信上帝一定会来救我的。你还是先去救别人好了。"

又过了一会，洪水已经把整个教堂淹没了，神父只好紧紧抓住教堂顶端的十字架。一架直升机缓缓地飞过来，飞行员丢下绳梯大叫："神父，快上来，这是最后的机会了，我们可不愿意见到你被洪水淹死。"神父还是意志坚定地说："不，我要守住我的教堂！上帝一定会来救我的。你还是先去救别人好了。上帝会与我共存的！"

洪水滚滚而来，固执的神父最终被淹死了……神父上了天堂，见到上帝后很生气地质问："主啊，我终生奉献自己，战战兢兢地侍奉您，为什么你不肯救我！"上帝说："我怎么不肯救你？第一次，我派了舢板来救你，你不要，我以为你担心舢板危险；第二次，我又派一只快艇去，你还是不要；第三次，我以国宾的礼仪待你，再派一架直升机来救你，结果你还是不愿意接受。所以，我以为你急着想要回到我的身边来好好陪我。"

其实，生命中太多的障碍，皆是由于过度的固执；人生的很多失败就是因为不会变通。有一种错误叫固执，思维定势一旦形成，有时是很悲哀的。这就是我们要不断学习新知识、新观念的原因之一。

有只乌鸦，口渴极了，可是附近没有水，只有一个被小孩丢弃的长颈小瓶，里面盛有半瓶雨水。乌鸦伸过嘴去，可是瓶口很小，瓶颈很长，它喝不到。于是乌鸦想了一个办法，把一颗颗小石子投进瓶里去，这样，瓶里的水升高了，乌鸦很轻松地喝到了水。

这件事，后来被寓言大师伊索写进了寓言，传遍了全世界，乌鸦也因此出了名，自然洋洋得意。

这只乌鸦是个有名的旅游爱好者。有一次，它飞到一个村庄去看热闹，这儿正发生干旱，溪水完全干了，田里开了裂缝。它渴极了，可是四处找不到水喝。忽然，它在村子后面发现了一口井，低头往里面一看，井口小，井很深，但井底有水，模模糊糊地映照出它站在井台上的身影。

它试着想飞下去，可几次都碰到井壁上，眼冒金星，只好又回到井台上来。

忽然，它想到自己曾经“投石入瓶喝水”的光荣事迹，不禁高兴地叫道：“呱！呱！我怎么把这经验忘了？”

于是它用嘴衔来一颗颗石子，都投到了水井里，谁知投了半天，井水仍然没有上来，树上的喜鹊说：“喳喳！乌鸦先生，您别忙了，这是水井，不是您原先的那个长颈瓶子，怎么还是用那个老办法呢？喳喳！”

“你懂什么？叭叭！”乌鸦不屑地斜了喜鹊一眼，“我的方法是经过专家鉴定的，上过寓言作家的书本，到哪里都可以用，放之四海而皆准，怎么会‘老’呢？哇！哇！”

乌鸦继续向井里投石子……

那结果，大家可想而知。

有些人不懂得变通，对于约定俗成的规则，通常都是严格遵循而不敢打破的。事物总是不断发展变化的，如果一成不变地凭老经验办事，不注意随机应变，就免不了会吃大亏。所以要想有所成就，一定要适应环境变化并拥有适应新环境的能力。否则，对于新生事物觉察不到，最终会被环境逐渐淘汰。

执着未必是值得赞赏的品质

倘若一个人能够放下心中的那份执着、破除心里的固执念头，人生将会少许多烦恼、多一些成功。

执着或许在某些时候能够产生积极的效应，然而在有些情况下执着未必是件好事。

开元中，有沙门道一住传法院，常日坐禅，师知是法器，往问曰：“大德坐禅图什么？”

一曰：“图作佛。”师乃取一砖于彼庵前石上磨。

一曰：“师作什么？”

师曰：“磨作镜。”

一曰：“磨砖岂得成镜邪？”

师曰：“坐禅岂得作佛邪？”

后人常以“磨砖成镜”来比喻那些执着于无望事情的愚蠢行为。“磨砖成镜”这一著名的禅门公案，指出参禅若寻不得正确途径，即便是有执着精神，也必然是南辕北辙、一事无成。

神赞和尚原来在福州大中寺学习，后来外出参访的时候遇见百丈禅师而开悟，随后又回到了原来的寺院。他的老师问：“你出去这段时间，取得什么成就没有？”神赞说：“没有。”还是照着以前的样子服侍师父，做些杂役。

有一次老师洗澡，神赞给他搓背的时候说：“大好的一座佛殿，可惜其中的佛像不够神圣。”见到老师回头看他，神赞又说：“虽然佛像不神圣，可是却能够放光！”

又有一天老师正在看佛经，有一只苍蝇一个劲儿地向纸窗上撞，试图从那里飞出去。神赞看到这一幕，禁不住做偈一首："空门不肯出，投窗也太痴，百年钻故纸，何日出头时？"

他的老师放下手中佛经问道："你外出参学期间到底遇到了什么高人，为什么你访学前后的见解差别如此之大？"神赞只好承认："承蒙百丈和尚指点有所领悟，现在我回来是要报答老师您的恩情。"

神赞见到老师为书籍文字所困，不好意思直接点明，只好借助苍蝇的困境来指出老师的不足。文字语言都是一时一地的工具，事过境迁再执着于文字，就如同那只迷惑的苍蝇一样总是碰壁。

倘若一个人能够放下心中的那份执着、破除心里的固执念头，人生将会少许多烦恼、多一些成功。相反，如果过于执着于那些本不该执着的事情，将会迷失更多的人生。

曾经有一对大学同学。他们彼此深恋着对方。后来因为一件看起来微不足道的小事闹翻了。毕业后他们天各一方，各自走过了一段坎坷的人生旅途。他们的婚姻都不太美满，所以时时怀念年轻时的那段恋情。如今他们都老了，一个偶然的机会，他们又相聚了。

他问她："那天晚上我来敲你的门，你为什么不开门？"

她说："我在门后等你。"

"等我？等我干什么？"

"我要等你敲第十下才开门……可你只敲了九下就停下来了。"

这个女人为这事后悔不已。她后悔自己过于执拗，她完全可以在他敲第九下的时候将门打开，或者在他离去时把他叫回来。为什么非要坚持等那第十下不可呢？这段遗憾仅缘于女人过于执着那多出来的一次敲门而已。其实，人生有很多无谓的错过，有时是因为固执地坚持了不该坚持的。

人生苦短，韶华易逝。选定目标就要锲而不舍，以求"金石可镂"。但如果目标不合适，或客观条件不允许，与其蹉跎岁月，徒劳无功，还不如干脆放下。

做事要见好就收才完美

有些事，需要及时收场，需要重新再来。只有懂得进退的人，才不会因自我陶醉而失败。

见好就收，并不是放弃自己既定的生活目标、放弃对事业的努力和追求，而是放弃那些已经力所不能及、不现实的生活目标。其实，人在生活中需要懂得变通，需要不断地做出选择。

一位登山队员，一次他有幸参加了攀登珠穆朗玛峰的活动，在6400米的高度，体力不支，停了下来。当他讲起这段经历时，人们都替他惋惜，问他为何不再坚持一下呢？再攀一点高度，再咬紧一下牙关。

“不，我最清楚，6400米的海拔是我登山生涯的最高点，我一点都没有遗憾。”他说。

见好就收也是一种放弃，但见好就收并不是舍弃生活主流而走远，见好就收更不是强求不食人间烟火的脱俗，而是呼唤一种率直的生活理念，一种变通的人生态度。

进和退是一个问题的两面，世界上的一切事情都是有进有退的。如果说“逆水行舟”是一种进的艺术，那么“见好就收”就是一种退的艺术。高明的人往往深谙见好就收的道理，因其退得及时，故常能立于不败之地。见好就收虽然是一种放弃，但却是一种智慧的表现，是一种清醒的选择，是一种明智的举动。

成功者在某一方面肯定有他的独到之处，但很少有面面俱到、十全十美的人。因为，人在发展某一方面的同时，也在放弃着其他的方面。有所得亦有所失，有意识地放弃往往是争取更大成功的前提条件。

春秋时期越国名相范蠡是一个审时度势急流勇退的典型人物。他一生辅佐越王勾践成就霸业，功高盖世。然而，聪明的范蠡能够及时察觉出事态发展变化的趋势，在功名利禄和自己前途命运的双重选择下，毅然决定急流勇退，不但保全了自己的性命，而且为自己的生活创了一个全新的起点，成为一代富商。

能够放弃一些物质、利益，是人生的一道美丽风景，有时，见好就收就是一种高远目光。学会放弃，学会急流勇退，将自己的人生调整到一个更新的起点。

懂得放弃才能有更美好的未来

放弃是一种解脱，一种量力而行的智慧。只有懂得了放弃，才会有更美好的未来。

总听到有人感慨人生苦短，自己的理想还远未实现，那么让我们看看他们的理想是什么？“我一定要拿到诺贝尔文学奖”、“我一定要做个数学家”……渐渐地，这些远大的理想变成了沉重的负担，越坚持就越觉得痛苦。

有一种鱼叫马嘉鱼，长得很漂亮，银肤燕尾大眼睛，平时生活在深海中，春夏之交溯流产卵，随着海潮漂游到浅海。渔民捕捉马嘉鱼的方法挺简单：用一个孔目粗疏的竹帘，下端系上铁，放入水中，由两只小艇拖着，拦截鱼群。马嘉鱼的“个性”很强，不爱转弯，即使闯入罗网之中也不会停止。所以一条条“前仆后继”地钻入竹帘孔中，帘孔随之紧缩。竹帘缩得愈紧，马嘉鱼愈激怒，它们更加拼命往前冲，结果就会被牢牢卡死，最终被渔民所捕获。

我们也像马嘉鱼一样，笃信坚持到底就是胜利，给自己套上了个“执着”的光环，执着于名利，执着于不切实际的空想，年复一年，等到老年后才开始嗟叹壮年的无为和空虚。其实只要放开手，就会发现许多无奈的痛苦已经不解自开。

人们不愿放弃，很大程度上也是因为不想接受变化，不能接受新事物。人生的历练使很多人不敢放弃手中的一切，遇事就钻“牛角尖”。

老马是某国营钢制品厂的业务员，提起业务，老马总是一脸的得意：他是厂里的业务尖子，连续13年的销售冠军！厂里领导都说：“没有老马拿不下来的客户，老马出马，必定马到成功！”

然而，就是这个春风得意的老马，最近似乎遇到难题，原来由于钢制品市场竞争激烈，老马所在的工厂在竞争中明显居于劣势，所以，这一季度，老马损失了不少订单，还丢了几个客户，老马自觉面上无光，走路都抬不起头来。于是老马发誓，一定要挽回颜面，在下个季度大干一场。就这样，老马鼓足了干劲，在全国各地东征西讨，累得连喘口气儿的工夫都没有。

妻子劝他：“你这么大年龄了，安稳几天多好！销售量下降也不是你的责任，你不要都揽到自己身上！”

可不管妻子怎么说，老马也不听，非要坚持下去，把销售额提上来。就这样，没几个月头发都斑白了。这时，老马的小舅子来找他，告诉他有个私营企业正在招聘业务精英，像老马这样的人才去了，肯定大受欢迎，而且薪水又高，待遇又好。妻子也极力怂恿老马放弃现在这家工厂，换个环境。

老马觉得很为难，从心里讲，他也知道这家工厂的境况会持续下滑，再做下去前途不大，但这毕竟是自己工作了20年的厂子啊，再说自己也不能就这么灰头土脸地走了，非得把业务搞上去不可！

老马把自己的决定告诉家人，小舅子一听，气得也不理姐夫了，辞职报告一打，自己去了那家私营企业。

几年之后，老马头发已经半白了，为了业务指标，他心力交瘁，但是业绩却仍在不断滑坡。厂领导对他也不再亲切，老马苦恼极了。雪上加霜的是，那家私营企业近期准备上市，还给每位员工都分了股份，老马的小舅子有事儿没事就对亲戚炫耀，然后大家就替老马惋惜：“唉，那个时候老马要不那么固执，依他的能力股份肯定分得更多！死守着那个破厂子，每天累死累活，倒弄得两头不是人，有什么好！”

不久后，老马因为劳累过度生病住院了。

老马为了不切实际的“坚持”付出了巨大的代价，那我们呢？也许我们紧抓着不放的是自己深爱的理想，但当我们苦苦追求到最后，仍看不到成功的希望时，聪明的做法就是赶快放手，不要等到烫伤了手，才发现自己握着的原来不过是个“电熨斗”。

放弃，是一种过人的智慧，只有学会放弃才能够抓住新的机遇，人生本来就是一个不断变化发展的过程。还在苦苦坚持的人不妨“见异思迁”一回，也许会发现不一样的美丽。所以，需要自查一下，是不是该调整自己了。

及早甩掉不合实际的目标

在人生的关键时刻，一定要审慎地运用智慧做最正确的判断，选择正确的方向，及时检视选择的角度，适时调整。

一个人要想获得事业上的成功，首先要有目标，这是人生的起点。没有目标，就没有动力，但这个目标必须是合理的，即合乎实际情况；如果不是，那么即使再有本事，付出千百倍努力，也不会获得成功。

诺贝尔奖得主莱纳斯·波林说：“一个好的研究者知道应该发挥哪些构想，而哪些构想应该丢弃，否则，会浪费很多时间在差劲的构想上。”有些事情，虽然用了很大的努力，但如果迟早要发现自己处于一个进退两难的境地，那么所走的路线也许只是一条死胡同。这时候，最明智的办法就是学会变通。抽身退出，去研究别的项目，这样成功的机会会更大。

放掉无谓的固执，冷静地用开放的心胸做正确抉择。正确的抉择将指引我们走上通往成功的坦途。

确定了目标以后，下一步便是鉴定自己的目标，或者说鉴定自己所希望达到的领域。如果决心做一下改变，就必须考虑到改变后是什么样子；如果决定解决某一个问题，就必须考虑到解决问题中可能遇到的困难是什么。

当明确了理想的目标以后，必须要研究一下达到该目标所需的时间、财力和人力。做出的选择、途径和方法只有经过检验，方能估量出目标的现实性。如果发现自己的目标是不可行的，就要量力而行，修改自己的目标。

成功者的秘诀是随时检视自己的选择是否有偏差，放弃无谓的固执，合理地调整目标。

一个非常干练的推销员，他的年薪有六位数字。很少有人知道他原来是历史系毕业的，在干推销员之前还曾教过书。

这位成功的推销员这样回忆他前半生的道路："事实上我是个很没趣味的老师。由于我的授课方式很呆板，学生个个都坐不住，所以，我讲什么他们都听不进去。我之所以是没趣味的老师，是因为我已厌烦了教书生涯，对此毫无兴趣可言，但这种厌烦感却在不知不觉中也影响到学生的情绪。最后，校方终于解聘了我，理由是我与学生无法沟通。其实，我是被校方免职的。当时，我非常气愤，所以痛下决心，走出校园去闯一番事业。就这样，我才找到推销员这份自己胜任并且感觉愉快的工作。"

"真是'塞翁失马，焉知非福'。如果我不被解聘，也就不会振作起来！基本上，我是很懒散的人，校方的解聘正好惊醒我的懒散之梦，因此，到现在为止，我还是很庆幸自己当时被人家解雇了。要是没有这番挫折，我也不可能奋发图强起来，从而闯出今天这个局面。"

有的人失败，不是没有本事，而是定错了目标。为避免失败，时刻检查目标是否合乎实际，这对成功来说是最主要的。有许多满怀雄心壮志的人毅力很坚强，但是由于不会进行新的尝试，因而无法成功。所以，如果感到自己确实不能实现自己的目标，那么，就请尝试锁定新的目标吧。

通往成功的路是弯曲的

综观许多伟人的人生历程，都是在艰难险阻中弯弯曲曲走过来的。

当我们在大海上驾驶着轮船向着目的地航行时，忽遇暴风雨，是冒着可能翻船的危险顶着风浪上呢，还是暂时改变航向，以期避开危险？面临这样的选择，也许百分之百的航海者会采取后一种方式，毕竟无谓的牺牲是毫无意义的。

一般来说，一个奋斗者的人生轨迹大多不是直线，更不是循环线，而是呈螺旋式或波浪式的前进状态。在人生的旅途中，我们随时都有可能遭遇是是非非的风暴，这时我们就必须选择绕开急流险滩，曲折前行，也许这样有些绕远，但却避免了一些伤害，这也就是我们古人在遥远的年代就谆谆教诲我们的处世法则，“以迂取直”。

他从小的理想就是当作家，为此他一如既往地努力着。10年来，坚持每天写作500字。每写完一篇，他都改了又改，精心地加工润色，然后再充满希望地寄往各地的报刊杂志。遗憾的是，尽管他很用功，可是从来没有一篇文章得以发表，甚至连封退稿信都没有收到过。

29岁那年，他总算收到了第一封退稿信。那是一位他多年来一直坚持投稿的刊物编辑寄来的信，信里写道：“看得出你是一个很努力的青年，但是我不得不遗憾地告诉你，你的知识面过于狭窄，生活经历也显得过于苍白，但我从你多年的来稿中发现，你的钢笔字越来越出色……”

就是这封退稿信，点醒了他的困惑，他毅然放弃写作，练起了钢笔书法，果然长进很快。现在他已经是有名的硬笔书法家了。就这样，他让理想转了个弯，走向了成功。

一个人要想成功，理想、勇气、毅力固然重要，但更重要的是，人生路上要懂得放弃，更要懂得转弯。

许多人将这种放弃与选择称为“另起一行”。这意味着放弃某种屡试不爽或虽长期经营，但实事求是地从长远来看对自己并不合适的事业，否则就找不到属于自己的最佳位置和人生跑道。这时，不管是情愿还是不情愿，都得忍痛割爱。

重新开始，也就是从错综复杂的困境中重新崛起……其实人生有时就像玩游戏机一样，游戏玩失败了可以从头开始，走错了路或者没有找到最佳位置时，就不能另起一行吗？

美国人马克·汉森经营的建筑业彻底失败了，他也因此破产了。

他果断地选择了放弃，选择了彻底退出建筑业，忘记有关这一行的一切知识和经历，甚至包括他的老师——著名建筑师泰勒。他决定去一个截然不同的领域创业。他很快就发现自己对公众演说有独到的领悟和热情。他很快又发现这是个最容易赚钱的职业。一段时间之后，他成为一个具有感召力的一流演讲师。后来，他的著作《心灵鸡汤》和《心灵鸡汤2》双双登上《纽约时报》的畅销书排行榜。马克放弃了建筑业，但是我们不会认为他是半途而废的人。

懂得激流勇进者，便懂得断然退出；懂得如何减少损失者，便懂得及时改变方向。

在波涛翻滚的大海中，如果拒绝掉转船头，认为迎着风浪而前行才是勇敢者的行为，勇气、刚毅、坚强才是人性高贵的惟一证明，那么很可能会付出船毁人亡的巨大代价。所以有时候，为了达到心中的目标掉转船头，绕开漩涡，并不一定就意味着懦弱，而恰恰是一种更高的智慧。

变则通，不要一条道走到黑

我们无法改变所有的事情，但我们可以选择不同的道路，让自己获得新的生活。

梁启超说过：“变则通，通则久。”知变与应变的能力是一个人的素质问题，也是现代社会办事能力高下的一个重要标准。办事时要学会变通，不要总是直线思考，放弃毫无意义的固执，这样才能更好地办成事情。

这是肖念第四次考研了。前不久考研成绩下来，命运依然对他很残酷，他又一次被拒绝在研究生门外。然而更糟糕的是，他似乎已经认准了考研这一条路，非得考上不可。如今他已经毕业有三年了，仍然没找过工作，一门心思扑在考研上。父母非常着急，总这么考下去也不是办法啊。万一到最后研也没考上，工作也没着落，于是帮他找了个代课的工作，想让他先工作着。

然而肖念仍然固执地坚持考研，不愿去工作，非得考上研究生不可。父母对肖念的固执真是无能为力。

如今有一些考生义无反顾地选择了考研这条路，情愿一条路走到黑，也不想试试其他的路。虽然有人说：坚持就是胜利，但这也得分情况来看，也许有的人坚持到底，最后得到了胜利，试问这样的人能有几个？因此，做什么事情都要量力而为，懂得变通，没必要一条道走到黑。

比如肖念考研的事，考了一次两次还没有考上，那么就要想想给自己找好充分的后路了。比如可以先工作，这同样也是出路，人生的出路不是只有考研一条，如果屡战屡败、盲目地将考研坚持下去，是不值得提倡的，何必在自己不擅长的领域里苦苦挣扎呢？

罗马有一位很有成就的女商人伊尔莎，她在回忆自己的成功时，总是忘不了父亲在她几乎走向绝境时给予她的警告。

当时，父亲带着她离开了罗马的家，来到市郊的一个小镇，并带她爬上了一座很高的教堂塔顶。伊尔莎不明白父亲为什么要带她上那儿。父亲温和地对她说："往下瞧瞧，孩子！"伊尔莎鼓起最大的勇气，朝脚底下看去。只见星罗棋布的村庄环抱着罗马，蜘蛛网一样的道路条条都通向了罗马。

父亲慈祥地说："好好看看，孩子你看，通往罗马的路不止一条。生活也是如此。当你发现走这条路达不到目的地时，你就走另一条路试试！”聪明的伊尔莎明白了父亲的良苦用心，于是在以后的道路上不断走出了新境界，创造出新的生活。

曾经有一个老和尚问小沙弥：“如果你进一步则死，退一步则亡，你应该怎么办？”小沙弥毫不犹豫地回答说：“我往旁边去。”往旁边去！多么显而易见的答案啊。也许这个道理人人都懂，然而在生活中，人们却常常忘记这个道理。高考落榜时割腕；恋爱失败时跳楼；生意赔本时投河……这些悲剧层出不穷，很多人总是一条路走到黑，难道这些人的智慧就连一个小沙弥都不如吗？

人生的旅程，有我们想象不到的复杂和困难。当路越来越窄，甚至到了穷途末路之时，我们可以改变一下自己的走向，走向旁边的路，通过迂回前进的方式，同样能到达自己的目的地。

改变不了事实，但可以改变自己

一个人只有懂得顺应潮流，才能找到生存之道，才能跨越重重障碍，实现自己的人生目标。

站在镜子前，看着那个熟悉的身影，可曾有些许的厌倦？长时间一成不变的风格，让我们以为那就是“最适合”的自己。穿着打扮、言谈举止，待人处世，所有的行为都已经形成固定的模式，是否会觉得生活开始变得单调无趣？改变现状，不一定要换手机、换工作、换环境……改变自己，才是最有效的途径！

一条小河从很远很远的高山上流淌下来，经过草地、森林、村庄，最后流进一个沙漠。这时，它开始感到一点轻松。“我已经越过了那么多障碍，这么平坦的土地，我肯定也能穿越而过。”小河想。

当它开始迈开自己的脚步时，却发现自己的水分被沙漠吞噬了，成了泥沙，它努力了很多次，结果都是徒劳，它心灰意冷。“难道这就是我的归宿，我永远无法到达思慕已久的浩瀚的大海吗？”小河沮丧极了。

突然，它听到一个声音：“微风可以穿越沙漠，河流应该也可以。”原来是沙漠在鼓励小河。

小河还是没有信心：“微风可以飞驰而过，而我不能飞啊。”

沙漠这次铿锵有力地说：“如果你仍然坚持原来的样子，你就永远也无法穿越这个广袤的沙漠。你可以换一种样子，蒸发到空气里，让风儿带你穿越这个沙漠，你的愿望不就实现了吗？”

“改变我原来的样子，蒸发到空气中？我从来没有想过这样的事情。”小河有些惊惶失措。“这不可能的，那不是自我毁灭吗？”小河实在无法接受这样的改变。

“那不是毁灭，那是重生。”沙漠耐心地解释道。

“怎么是重生呢？”小河还是充满疑惑。“你蒸发到空气中，变成了水气，只是你的形态变化了，那样微风就可以把水气吹过沙漠，到了适当的地方，风就把水气释放出来，凝结成雨滴。雨滴落到距离大海越来越近的地面，汇集成河流，这不就是你的重生吗？这样就能继续前进，这样，一次，两次……慢慢接近大海，直至汇入你思慕的大海。”沙漠做了科学的解释。

“那也不是原来的我了。”小河怯怯地说。

“可以说是，也可以说不是。但是，你想，无论你是一条看得见的河流，还是看不见的水气，你的本质并没有任何改变。”

小河是改变了自己的形态，但它的本质还是水，而且它最终还是能够到达大海，实现自己的梦想。

人的一生不可能一帆风顺，总会遇到这样那样的困难或者障碍，有时候为了跨越这些障碍，必须做出改变。在适当的时候改变一下自己，就能活出快乐。也许我们也会默默地问自己：我的本质是什么？我紧抓不放的又是什么？我想得到的又是什么呢？其实，生命不是只有一种形式，当无法改变别人或者环境的时候，最好的办法就是改变自己。形态的改变不会影响自己的本质，只要本质不变，自己就还是自己，这就足够了。

| 第02辑 |

让人生留些遗憾，让缺憾成为另一种美丽

人们常告诫自己“不让人生留有遗憾”，所以很多人会劳心费力地去弥补缺憾。其实，我们不妨改弥补为正视缺憾。摆正心态，让心接受缺憾的洗礼，这样，就会让缺憾成为另一种美丽，反而不会因为缺憾而懊恼。

接受不如意，不去追求完美

很多时候，完美只是划过夜空的流星，美丽灿烂却转瞬即逝，而缺憾却是一个永恒，如天上的繁星，亘古千年。

很多人都希望按照自己的想法设计人生，在他们的心目中，总是渴望一种完美的生活状态。可遗憾的是人生并没有完美可言，那些童话里的理想世界是不可能在现实生活中出现的。如果我们不能接纳生活中的不完美，而一味地苛求生活，那么到头来只能自寻烦恼。

有一位先生娶了一个体态婀娜、面貌娟秀的太太，两人恩恩爱爱，是人人称美的神仙美眷。太太眉清目秀，性情温和，美中不足的是长了个酒槽鼻子，好像失职的艺术家，对于一件原本足以称傲于世间的艺术精品，少雕刻了几刀，显得非常的突兀怪异。

丈夫对于太太的鼻子终日耿耿于怀。一日出外去经商，行经贩卖奴隶的市场，宽阔的广场上，四周人声沸腾，争相吆喝出价，抢购奴隶。广场中央站了一个身材单薄、眉清目秀的女孩子，正以一双水汪汪的泪眼，怯生生地环顾着这群决定她一生命运的大男人。

丈夫仔细端详女孩子的容貌，突然间，他被深深地吸引住了。好极了！这个女孩子的脸上长着一个端端正正的鼻子，不惜一切代价买下她！

丈夫以高价买下了长着端正鼻子的女孩子，兴高采烈，带着女孩子日夜兼程赶回家，想给心爱的妻子一个惊喜。到了家中，把女孩子安顿好之后，他用刀子割下女孩子漂亮的鼻子，拿着血淋淋而温热的鼻子，大声疾呼："太太快出来！看我给你买回来最宝贵的礼物！"

“什么样贵重的礼物，让你如此大呼小叫的？”太太狐疑不解地应声走出来。

“你看！我为你买了个端正美丽的鼻子，你戴上看看。”

丈夫说完，突然抽出怀中锋锐的利刃，一刀朝太太的酒糟鼻子砍去。

霎时，太太的鼻梁血流如注，酒糟鼻子掉落在地上，丈夫赶忙用双手把端正的鼻子嵌贴在伤口处。但是无论丈夫如何努力，那个漂亮的鼻子始终无法粘在妻子的鼻梁上。

可怜的妻子，既得不到丈夫苦心买回来的端正而美丽的鼻子，又失掉了自己那虽然丑陋但是货真价实的酒糟鼻子，并且还受到无端的刀刃创痛。而那个糊涂丈夫的愚昧无知，更叫人可怜！

这个故事虽然让人觉得有些可笑，但是人们追求完美的心，却与文中那个手拿利刀的丈夫如出一辙。有些人以为自己追求完美是积极向上的表现，其实他们才是最可怜的人，因为他们所追求的完美，是根本不存在的。也就是说他们所有的追求如海市蜃楼，只是一个幻影而已。

俗话说：“金无足赤，人无完人。”人生确实有许多不完美之处，每个人都会有这样那样的缺憾，真正完美的人是不存在的，即使是中国古代的四大美女，也有各自的不足之处。历史记载，西施的脚大，王昭君双肩太小，貂蝉的耳垂太小，杨贵妃患有狐臭。道理虽然浅显，可当我们真正面对自己的缺陷、生活中不尽如人意之处时，却又总感到懊恼、烦躁，不知应该如何应对。其实，面对生活，只要我们不经常用完美的心态去要求它、设计它，那么我们自然就会减少很多的烦恼和忧伤，那些不完美也就不会让我们感到失望。

用积极的态度看人生的不足

角度不同，对问题的看法就会有差异，有人积极，有人消极。事物的本身并不影响人，人是受到对事物看法的影响！

很多人总会为人生的不足感到不快，似乎是人生的那些不足造就了人生的痛苦。其实，人生的很多痛苦不是人生的憾事造成的，而是一个人心态选择的结果。

一场大水冲垮了她家的泥屋，家具和衣物也都被卷走了。洪水退去后，她坐在一堆木料上哭了起来："为什么我这么不幸？以后该住在哪儿呢？"镇上的表姐带了东西来看她，她又忍不住跟表姐哭诉了一番，没想到表姐非但没有安慰她，还斥责起她来："有什么好伤心的？泥房子本来就不结实，你先租个房子住段时间，再盖砖瓦的不就好了！"

故事中的女人就是生活中悲观者的代表，他们遇事总是拼命往坏的一面想，自找烦恼，死钻牛角尖，不问自己得到了什么，只看自己失去了多少，结果情况越来越糟糕，心情越来越低落。其实任何事情都有坏的一面和好的一面，如果能从积极的方面看问题，那么就会有一个截然不同的结果，做起事来也就会更加得心应手。

佛教讲"无常"，凡事可以变好，凡事也可以变坏。悲观的人永远都是为自己只剩下百万元而担忧，乐观的人却永远为自己还剩下一万元而庆幸。面对金黄的晚霞映红半边天的情景，有人叹息："夕阳无限好，只是近黄昏。"也有人想到的却是："莫道桑榆晚，晚霞尚满天。"面对半杯饮料，有人遗憾地说："可惜只有半杯了。"有人庆幸地说："尚好，还有半杯可饮。”不同的人对同一件事有不同的心情，不同的心情必然有不同的结果。所以，当人生遇到遗憾或不足时，应该换个角度去看待它。

我们每个人都有自己的生活，都有选择精彩人生的机会，关键在于自己的态度。态度决定人生，这是惟一一件真正属于自己的权利，没有人能够控制或夺去的东西就是自己的态度。如果能时时注意这个事实，生命中的其他事情都会变得容易许多。

苏东坡在被贬谪到海南岛的时候，岛上的孤寂落寞，与当初的宾客如云相比，简直判若两个世界。但苏东坡却认为：宇宙之间，在孤岛上生活的，也不只是他一人；大地也是海洋中的孤岛！就像一盆水中的小蚂蚁，当它爬上一片树叶，这也是它的孤岛。所以，苏东坡觉得，只要能随遇而安，就会快乐。

苏东坡在岛上，每吃到当地的海产，他就庆幸自己能到海南岛。他甚至想，如果朝中有大臣早他而来，他怎么能独自享受如此的美食呢？所以，凡事往好处想，就会觉得人生快乐无比。人生没有绝对的苦乐，只要凡事肯向好处想，自然能够转苦为乐、转难为易、转危为安。海伦·凯勒说：“面对阳光，你就会看不到阴影。”积极的人生观，就是心里的阳光！

消极的人多抱怨，积极的人多希望。消极的人等待着生活的安排，积极的人主动安排、改变生活。而积极的心态是快乐的起点，它能激发我们的潜能，愉快地接受意想不到的任务，悦纳意想不到的变化，宽容意想不到的冒犯，做好想做又不敢做的事，获得他人所企望的发展机遇，自然就会超越他人。而如果让消极的思想压着自己，自己就会像一个要长途跋涉的人背着沉重而无用的大包袱一样，使自己看不到希望，也失掉许多唾手可得的机遇。

忽视缺憾，接受并利用既定现实

我们必须忽视缺憾，接受并利用既定现实，选择一种对我们有好处的活法，换一种心态，换一种途径，才能不为厄运的深渊所淹没。

人生不会总是一帆风顺的，会有艰难和坎坷，这可能就是人生的缺憾。的确，厄运的到来是我们所无法预知的，面对它的巨大压力，怨天尤人只会使我们的命运更加灰暗。

戴尔·卡耐基小时候和几个朋友在家乡北密苏里州的一座老屋玩，当他从窗栏上跳下来的时候，戒指勾住了一根钉子，他的一个手指被拉掉了。

当时，卡耐基曾尖叫过，恐惧过，可等到恢复后，他再也没有为此而烦恼过。他勇敢而平静地接受了这个现实，而且以后也几乎从来没有去想过，他的左手只有四个手指。卡耐基忘记这点，只是奋斗，他过得几乎比世上所有的健康人都好。

当然，重要的不是忘记，而是去适应。因为有句老话是这样说的：事情是这样的，就不会是那样的。所以，人生的缺憾没有什么大不了。

莎拉·班珍特可以算是最懂得怎么去适应那些不可避免事实的人了。她作为戏剧界的一代巨星，一直是全世界观众最喜爱的一位女演员，但在她71岁那年，意外发生了。她在横渡大西洋的时候遇上了可怕的暴风雨，她没有躲到舱里，而是站在甲板上想见识一下暴风雨的真面目，不小心就摔倒在甲板上了，严重受伤。

莎拉得了静脉炎，腿痉挛，她的医生认为，必须把腿锯掉，但医生不敢告诉她，因为莎拉的脾气非常坏，谁知，她却非常平静地说："如果必须这样，那就锯吧。"当她被推进手术室的时候，她的儿子在一边嚎啕大哭，她却潇洒地挥了挥手，说："等着我，马上就回来。"在去手术室的途中，她一直在背戏里的一句台词，有人问她是不是为解除自己的忧虑，她却说："不，背给医生听的，他们的压力太大了。"手术圆满成功，莎拉开始她的演讲生涯，使她的戏迷再次为她而疯狂。

正如一位哲人所说的：当我们不再反抗那些不可避免的事实时，我们就能节省下精力，创造出一个新的，更丰富的生活前景。在漫长的岁月中，我们都会碰到一些令人遗憾的事情，它们既然已经存在了，就不可能发生改变，我们要有所选择，我们应该把它们当做一种不可避免的事实加以接受，并且适应它。哲学家威廉·哈达威说："要乐于承认事情就是这样的，能够接受发生的事实，就是能克服随之而来的任何不幸！"

住在佛罗里达州的伊丽莎白·康莉在一封给卡耐基的信上这样写道："就在庆祝北非战役胜利的同时，国防部给我送来了一封加急电报，我最亲近的人，我的侄儿永远地离开了我。

"我实在是太悲伤了，一直以来，我一帆风顺，有一份令人羡慕的工作，亲手带大的侄儿，是那么年轻，我坚信他代表着未来，会有美好的明天。可这封电报把我的生活和理想打得粉碎。我觉得已没有活下去的价值了，开始自暴自弃，离开我的工作，离开我的朋友，冷淡而仇恨，为什么我最爱的侄儿会死，为什么，这个孩子还没有开始他自己的生活为什么他应该死在战场上？我异常悲伤，整天生活在眼泪和自责之中。我开始清理桌子，无意中发现了一封我早已忘记了的信，是几年前我母亲去世时，侄儿写来安慰我的，信上说：'我们都会想念她的，尤其是您，但我知道您是个坚强的人，您会撑下去的，您也是这样对我说的。不论您在哪里，无论我们分得多远，我永远都会记住您教我要微笑，要像个男子汉，承受一切所发生的事。’我的心中顿时豁然开朗，耳边好像有个声音在大声跟我说：‘您为什么不照您教给我的办法做呢，撑下去，无论发生什么事，把您自己的悲伤深藏在心底，继续下去。’于是，我再回去工作，不再对人冷淡无礼，我只是告诫自己，事情到了这个地步，我是没有能力去改变它的，不过我能够像侄儿所希望的那样继续活下去，这是对他最大的安慰了。我把全部的精力都投入到工作中，写信给前方的士兵，晚上参加夜校培训，结交新朋友。

“我的生活顿时发生了种种意想不到的变化，我不再为永远过去的那些事伤悲，我只是好好珍惜我现在过着的每一天，我每天的生活都充满了快乐。”

伊丽莎白·康莉太太学会了我们迟早都要学到的一课，就是必须去接受和适应某些事实，这也许是人生旅途中最重要的一件事。因为很多时候，人生的不足乃至缺憾，可能对自己是莫大的历练。忘记缺憾，战胜缺憾，就是生活的强者。

苛求完美就无法品味人生

追求完美的人最普遍的错误想法，就是认为不完美便毫无价值，会被人看低。这种想法导致追求完美的人害怕犯错，而且一旦犯错后又做出过分的反应。

佛学里把这个世界叫做“婆娑世界”，翻译过来就是能忍受许多缺憾的世界。人生也从来不曾完美过，总是有着这样或那样的缺憾，如果把全部注意力都放在了缺憾上，就无法感受生活真正的滋味。

世上没有十全十美的东西，所以我们要改变对自我和他人的一贯认识，不要过于求全责备，如果是无伤大雅的缺憾，就不必耿耿于怀。

在美国，《独立宣言》是广受尊重的历史文件，是美国的无价之宝。但就是这样一份神圣的、庄严的文件，其中竟也有两处“缺憾”。

原来，当初这份文件成稿以后，大家发现遗漏了两个字母，可是竟没有人认为应该重新抄写一遍，而只是在行间打上了脱字符号，把这两个字母加了上去。《独立宣言》文字简约，篇幅不大，重新抄写得工整漂亮并不难做到，但在上面签字的那些胸怀全局、不拘小节、务实而又浪漫的美国精英们，并未认为不重新抄写就有辱这份赋予国家自由的文件的圣洁，他们签下自己的大名后，就迅速为实现文件的内容而奋斗去了。

世界上完美无缺的文件很多，但有几件能像《独立宣言》一样成为美国的国宝的呢?

很多人在年轻时都有远大的理想，认为自己无论做哪一行，都必须出类拔萃，与众不同：如果当兵，就应该是将军；如果当科学家，就应该和爱因斯坦齐名；如果当作家，就应该获诺贝尔文学奖……总之，自己应该是天才，应该受到万人景仰。

很多年过去之后，就会发现原来自己不过是个小人物，当发现了这一点后，也许会一时很难接受这个现实，心会很痛，痛的过程会持续很长时间。但是必须认识到：这个世界上机会的确很多，但与人的数量相比仍然少得可怜，在芸芸众生中最后胜出的肯定只是一小部分，90%的人，注定要做平凡的小人物。

接受了这个有点“残酷”的现实后，我们会发现当一个小人物也不错。尽管生活中酸甜苦辣咸五味俱全，但我们过得踏实；虽然不完美，但它有自己的意义，一种只有亲身体会才能说出的意义。

追求完美的人以争取高水准为乐，他们要求的是卓越的表现，并且完全用成就来衡量自己的价值。结果，他们便变得极度害怕失败。他们感到自己不断受到鞭策，同时又对自己的成就不满意。世上没有永远的胜者，一时的风光，赌不来一世的顺畅。如果尝尽众人之上的滋味，而后再有下落，感受的可能就是悲凉，于是，就不得不拼命向前。可在生命的每个阶段，胜他人一筹的诱惑总在眼前，于是追求完美的人往往将生命变成了一场永无休止的劳役。

残缺的美才是真正的美

“水满则溢，月盈则亏”。不要苛求完美，为自己和他人留有适度的发展空间，不让完美成为幸福的绊脚石。

世界上本来就有诸多缺憾，人生本来就有许多无奈，因此不完美才是完美，太完美了反而是种缺憾。

有一个被劈去了一小片的圆，总想要找回一个完整的自己，于是到处找寻着自己丢失的碎片。由于不完整滚动得非常慢，它也因而领略了沿途鲜花的美丽；它和虫子们聊天，它充分感受阳光的温暖；它找到了许多不同的碎片，但都不是原来那一块。它坚持找寻……直到有一天，它实现了自己的愿望。然而，成了一个完整的圆后，它滚得太快了，错过了花开的时节，忽略了虫鸣……当它意识到这一切时，它毅然放弃了历尽千辛万苦找回的碎片。

这个故事告诉我们，追求完美，但是不能苛求完美。其实，不少人都有虚荣心，因此人们往往都有苛求完美的倾向，不过程度有所差异而已。

有一个男人来到一家婚姻介绍所，进了大门之后，迎面又见到两扇小门。

一扇门上写着：美丽的。另一扇门上写着：不美丽的。

他推开了美丽的门，又见到两扇门……就这样，男人一路走下来，依次推开年轻的、善良的、温柔的、有钱的、忠诚的、勤劳的、文化程度高的、身体健康的、有幽默感的九扇门。

当他推开最后一扇门时，门上写着一行字：你的追求过于完美了，请你到大街上去找吧。

原来，他已经走到了婚介所的后门。

男人的失败在于他过于追求完美。其实这是一个思维的误区，任何事物总是循着自身的规律发展，它不可能像人们理想中的那么好。

曾经，有一个人非常幸运地获得了一颗硕大而美丽的珍珠，然而他并不感到满足，因为在那颗珍珠上面有一个小小的斑点。他想若是能够将这个小小的斑点剔除，那么它肯定会成为世界上最珍贵的宝物，自己也会成为最受人羡慕的人。

于是，他就狠下心来削去了珍珠的表层，可是斑点还在；他接着又削去第二层，原以为这下可以把斑点去掉了，殊不知它仍旧存在。他就不断地削掉一层又一层……直到最后，那个斑点没有了，而珍珠也不复存在了。

后来，那个人心痛不已，并由此一病不起。在临终前，他仍无比懊悔地对家人说："若当时我不去计较那一个斑点，现在我的手里还会捧着一颗美丽的珍珠啊！"

因为一点瑕疵失去了整颗珍珠，留下的却只有遗憾与悔恨！如果不刻意去剔除珍珠上那一点点微不足道的瑕疵，而能切实地把握住自己手里的那一颗实实在在的珍珠，便是一种成熟了。

有一个男人，单身了半辈子，突然在43岁那年结了婚。新娘跟他的年纪差不多，但是她以前是个歌星，曾经离过两次婚，现在也不红了。在朋友看来，觉得他挺亏的，这不是一个好的选择，因为新娘身上的瑕疵太多了。

有一天，男人跟朋友出去，一边开车，一边笑道：“我这个人，年轻的时候就盼望着能开宝马车，可是没钱，买不起；现在呀！还是买不起，买辆三手车。”

男人的确开的是辆宝马车，朋友左右看看说：“三手？看来很好哇，马力也足！”

“是的呀！”他大笑了起来，“旧车有什么不好？就好像我太太，开始嫁个广州人，又嫁个上海人，还在演艺圈二十多年，大大小小的场面见多了。现在老了，收了心，没有以前的娇气、浮华气了，却做得一手好菜，又懂得做家务。说老实话，现在真是她最完美的时候，反而被我遇上了，我真是幸运呀！”

男人拍着方向盘，继续说道：“其实想想我自己，我完美吗？我还不是千疮百孔，有过许多往事、许多荒唐，正因为我们都走过了这些，所以两个人都变得成熟，都懂得忍让、彼此珍惜，这种不完美，正是一种完美啊！”

金无足赤，人无完人，残缺其实正是一种完美，接受缺失、残破，是一种历练、豁达、成熟，更是一种睿智。我们必须认识到，如果仅仅是出于幸福生活的需要，那么是不必苛求完美的，苛求完美更多的是为了满足自己的虚荣心。

不用逃避，学会欣赏“厄运”

面对人生的那些憾事，我们记住该记住的，忘记该忘记的，改变能改变的，接受不能改变的。因为有些事情是我们无法控制的，我们只能控制自己。

歌德夫人曾经说过：“我之所以高兴，是因为我心中的明灯没有熄灭。道路虽然艰难，但我却不停地求索我生命中细小的快乐。如果门太矮，我会弯下腰；如果我可以挪开前进路上的绊脚石，我就会去动手挪开；如果石头太重，我可以换一条路走。我在每天的生活中都可以找到高兴的事情。”

生命本来就是不能被安排的。人生的际遇也许像朝阳一样可喜，像绵羊一样可亲，但也许会像恶魔一样恐怖。可是，我们万万想不到自己会一下时运不济，处处遭遇打击，被人误解侮辱，压榨欺凌，如遇猛虎。更惨的是，有时厄运如同车轮，在自己的头上若无其事地轧过。

生活中的种种遗憾和不幸是不能绝对避免的，但是，当我们不得不面对残酷的命运时，只要心里充满阳光，所有流汗淌泪的日子也会灿烂如花，种种苦涩都会化为唇边云淡风轻的一抹微笑。我们要用自己的坚强守住生命的永远鲜活，即使孤苦凄然也要昂起不屈的信念。

一位疲惫的诗人去旅行，出发没多久，他就听到路边传来一阵悠扬的歌声。那是一个快乐男人的声音。

他的歌声实在太快乐了，像秋日的晴空一样明朗，如夏日的泉水一样甘甜，任何人听到这样的歌声，都会马上被感染，让快乐把自己紧紧地包裹起来。

诗人驻足聆听。歌声停了下来，一个男人走了出来，他的微笑甚至比他本人出来得更早。

诗人从来没有见过一个人笑得这样灿烂，只有一个从来没有经历过任何艰难困苦的人，才能笑得那样灿烂，那样纯洁。

诗人上前问候：“您好，先生，从您的笑容就可以看得出来，您是一个与生俱来的乐天派，您的生命一尘不染，您既没有尝过风霜的侵袭，更没有受过失败的打击，烦恼和忧愁也没有叩过您的家门……”

男人摇摇头：“不，你错了，其实就在今天早晨，我还丢了一匹马呢，那是我惟一的一匹马。”

“最心爱的马都丢了，您还能唱得出来？”

“我当然要唱了，我已经失去了一匹好马，如果再失去一份好心情，我岂不是要蒙受双重的损失。”

生命不仅仅是一种结果，更是一个过程。过程中难免要有一些暗淡的色彩，也许会给生命带来缺憾。但学会欣赏厄运之美，能使我们沉迷时变得清醒，软弱时变得坚强，颓废时变得积极，愁苦时变得欢乐，对任何事也就可以拿得起，放得下，甩得开了。

有一位很有名气的心理学家，一天给学生上课时拿出一只十分精美的咖啡杯。当学生们正在赞美这只杯子的独特造型时，他故意装作失手，咖啡杯掉在水泥地板上，摔了个粉碎。学生们不断地发出惋惜之词。这位心理学家指着咖啡杯的碎片说：“你们一定对这只杯子感到惋惜，可是这种惋惜无法使咖啡杯再恢复原形。今后在你们的生活中发生了无可挽回的事情时，请想想这只破碎的咖啡杯。”

如果不幸已经发生，那么就去接受不可改变的现实吧，即使再不情愿，也要及时收住自己错误的脚步，寻找新的方向。记住，事情已经发生，如果不能改变它，那么我们要做的就是接受它。

汶川地震发生后，位于成都的四川大学华西医院成了众多震灾重伤员的家。

躺在床上的何纯涛保持着单纯的笑容，她的笑，没有丝毫做作和心机，透明得如同她的名字。这么明亮简单的女孩，应该正享受着青春的欢娱。只是，她躺在床的中间，枕头离床头还有一个枕头的距离，她的双腿没了。

“感觉好些了，只是换药时有点痛，明天就要进行第二次手术了。”依然是甜甜的笑容，似乎被截去双腿并不是什么大不了的事。

22岁的何纯涛从泸州化工职业技术学院毕业，在什邡一家公司从事工业分析与检验工作。5月12日下午，何纯涛准备去上班，刚走出宿舍门，地震就发生了。一根横梁带着垮塌的建筑狠狠地砸在她的双腿上，压得她无法动弹。幸运的是，楼梯间罩在她的头上，正好形成一个小空间，让她可以呼吸。直到14日下午，何纯涛才获救，但她的双腿被重压了两天，肌肉坏死。四川大学华西医院只得无奈地对其进行了截肢手术。

“比起其他不幸的人，我已经算是幸运了。我有三个好朋友，大家天天一起玩一起吃的，有一个今年1月份刚结婚，但她们都不在了。毕竟我还活着，我还有未来。”何纯涛说。

“以后，能站起来，就是我最大的愿望，我有信心面对生活。医生跟我说，我可以装假肢。我的生活可以自理了，我还想继续做自己的专业。而且，我还想结婚呢！”

人生的道路充满荆棘与坎坷，但生命是美丽的，生活是美好的。我们应该笑对厄运。生活中我们不必去祈求也不可能总是阳光明媚的艳阳天，狂风暴雨随时都有可能光临。但只要我们有迎接厄运的勇气和胸怀，在打击和挫折面前不低头，跌倒了再爬起来，将自己重新整理，以勇敢的姿态去迎接命运的挑战，只要我们坚信人生没有过不去的坎，就能迎来人生的辉煌。

把缺陷看成是上帝嫉妒了你的美好

完美永远是一种美好的向往和追求，世界永远都不会出现真正完美的人和物。有时候，看起来是缺陷却会成为人生的闪光点。

一个人与其抱怨自己的缺陷和弱点，倒不如仔细看着自身，发现特别的美丽和闪光点。

世界上没有完美无缺的人，每个人都是被上帝咬过一口的苹果。有的人缺陷比较大，是因为上帝也嫉妒其美好。如果因为某种缺陷或弱点而自卑而彷惶，岂不辜负了上帝的这份小小的羡慕之情。

他叫夏查·范洛，是比利时一个普通的盲人。他一直不明白上帝为何要这样惩罚他。从小时候起，他就不得不努力倾听周围的一切声响，来辨别方位，躲避危险。

他讨厌过马路，因为经常会撞到别人身上，或被一些车撞倒，这令他总是伤痕累累。直到17岁那年，他撞在了一辆响着铃的自行车上。

骑自行车的女孩生气地冲着戴着墨镜的他大声质问："你为什么要故意撞倒我，看不见吗？"他当时身上撞得也很痛，就激愤地说："是，我是个瞎子，怎么样？"

"铃按得那么响，不会用耳朵听吗？"女孩丢下这一句话，扶起自行车愤怒地离开了。他愣在那里，回味着那句话，才突然想到了自己的耳朵。是啊，没有了眼睛，还有耳朵。这是上帝赐予他的和别人一样的礼物，却很特别。因为，他的耳朵不仅是用来听的，还要代替他的眼睛来"看"这个世界。

从此，范洛开始锻炼自己的听力。他不知吃过多少苦，流过多少汗，受过多少伤，但他一直没有放弃。十几年的艰苦练习，让他练就了天下无双的敏锐听力。后来他进入了警队。

他凭借窃听器里传来的嘈杂汽车引擎声，就能判断犯罪嫌疑人驾驶的是一辆标致、本田还是奔驰；当嫌疑人打电话时，他能根据不同号码的按键声音差异，分辨出嫌疑人拨打的电话号码；在监听恐怖嫌疑人打电话时，他通过房屋墙壁的回声，就可以推断出嫌疑人此时身处机场大厅，还是藏身于喧闹的餐馆，或是在呼啸的列车上。

由于听力超群，他可以辨别不同语言发音的细微差异，这让他成为一个优秀的语言学家和训练有素的翻译。他会说7种语言，包括俄语和阿拉伯语。他还自学了塞尔维亚语和克罗地亚语。可以说，他的脑子就像图书馆一样汇集了各种口音，正是这种语言能力使他成为警局中对抗恐怖主义和有组织犯罪的珍贵人才。

他从警的时间不长，但利用听力的优势，他屡立奇功，获得过各种奖励和荣誉，成为比利时警界里"失明的福尔摩斯"。

这位超级英雄手里握着的不是手枪，而是一根盲人手杖，他身边通常没有警车而是跟着一只导盲犬。

范洛从不忌讳别人说自己是个盲人，他常说："如果我能看到光明，那我现在可能还是一个平庸的人。正因为我看不见，我才会专心努力地去听，结果我听到了别人无法听到的声音。"

上帝发给每一个人一个苹果，并在一些苹果上咬了一口，虽然苹果不完整了，但有的人还是把它当做上帝的恩赐。同样，苦难和缺陷不也是上帝给我们的特别恩赐吗？上帝只是在我们平淡的生活中，添了一道叫做"苦难"的菜而已。它让我们细细品味，慢慢体会。苦难是人生的一门必修课，没有人能够拒绝苦难。面对苦难，我们无法逃避，因为这是上帝赐予我们的恩惠。

苦难让我们深感痛苦与忧伤，苦难让我们变得贫乏、孤单、力不从心，苦难使得我们受尽折磨，但是上帝借苦难给予的恩赐却是最丰盛的。倘若没有了苦难，人生就会变得肤浅甚至贬值；没有经受风雨的洗礼，生命的大厦便显得单薄易摧。有一句名言："冠军的桂冠从来都是用荆棘编成的。"真正的苦难，会使人变得冷静而深沉，并且一步步地走向成熟。有了苦难，人生的价值才会得以体现。

一个人生命中的得与失，总是守恒的。在一个地方失去了，就一定会在另一个地方找回来。有时候，看起来是缺陷却会成为人生的闪光点。如果范洛没有失明，而是一个正常的普通人，也许就不会有今天的成就。上帝夺走了他的眼睛，是为了让他发现耳朵。上帝夺走了你的什么，又让你发现什么？静下心来想一想，就会懂得缺陷、弱点，不过是另一种形式的恩赐。也许，你不聪明，做什么事情都要付出很大的努力，你常常想为什么别人都那么轻而易举地完成了呢？你觉得上帝不公平，可是你没有发现自己有着他人没有的"坚持"和"不放弃"吗。这种永不服输的精神就是上帝给你的特别的芬芳。你的天才不是快速完成任务的聪明，而是坚持不懈的努力。聪明的人可能会轻松地过上好的生活，可是你却能达到大的成功。因为你的芬芳，上帝不小心多咬你一小口，然后说：你的人生不是用来过幸福的小日子的，而是用来实现梦想的。

身体的缺陷可能会成为优势

懂得生活的人，大都懂得如何让自己的缺陷变成优势。

人生总会有遗憾，但这并不影响人生走向完美。就像十指有短长一样，上天对每个人也不是绝对公平的，许多人身上都有这样或那样的缺陷。不同的是，一些人因此失落沉沦，一些人却因此能活得比一般人还好，这是什么原因呢？通过深入观察，我们会发现他们的心态大相径庭。

某电影导演，为拍一部片子四处寻找合适的演员。一天，发现了一个合适人选，便通知他准备试镜头。这个人十分高兴，理了发，换上新衣，对镜子左照右照，总感到自己两粒“犬牙”式的牙齿不好看，于是到医院把牙齿拔掉了。后来，他兴致勃勃地去报到，导演一见到他，失望地说：“对不起，你身上最珍贵的东西，被你自己当缺陷给毁了，影片已经不需要你了。”这个长犬牙的人没有意识到自己的短处在这里正是长处，传统的虚荣观念毁掉了有可能使他的人生大放异彩的机会。当然，主要原因在于导演，他没有提前告诉这个人。但在现实生活中，也同样没有人会指出我们的缺陷正是我们可以利用从而摆脱不幸那一点。

戴尔·卡耐基在弗吉尼亚州一个旅馆碰到了班·符特先生。这个坐在轮椅上的撰稿人的历程让卡耐基感慨不已。

“事情发生在1930年”，符特微笑着告诉卡耐基，“我砍了一大堆胡桃木的树枝，准备做菜园豆子的撑架。我开着福特车把这些枝条运回家。但意外的事很快便发生了：枝条卡在车的引擎之中，车辆滚出公路老远，我受了重伤，两腿麻痹了。出事的那年我只有24岁，从那以后我就再没有走过一步路。”

才24岁，就被轮椅决定了一生。卡耐基问他怎么能够这样有勇气去接受这个事实，他说："我以前并不如此。"他说很长一段时间里，愤恨和难过占据了他的心灵，他抱怨命运。可是，抱怨并不能改变一切，他继续说："愤恨没有改变我的一丁点现状，我终于明白并告诉自己，我应庆幸发生过那样一件事。"他告诉卡耐基，当他克服了当时的震惊和悔恨之后，就开始生活在一个完全不同的世界里，他开始看书，对好的文学作品产生了喜爱，书给他带来了生命的意义。好的音乐也能给他莫名的感动。"有生以来第一次"，他说，"我能让自己仔细地看看这个世界，有了真正的价值观念，我开始了解，以往我所追求的所谓完美的事情，实际上大部分一点价值也没有。"

我们愈研究那些成就者的奋斗经历，就愈加深刻地感觉到，他们之中有非常多的人之所以这样而不是那样，是因为他们虽然有一些缺陷，但他们却因此加倍地努力而得到更多的报偿。正如威廉·詹姆斯所说："我们的缺陷对我们有意外的帮助。"也许正是这样，我们无法否认，很有可能密尔顿就因眼瞎，才能写出更好的诗篇；而贝多芬的耳聋也使他创作出更好的曲子。

如果柴可夫斯基不是那么的痛苦——他悲剧性的婚姻常逼他走向自杀的边缘——如果他自己的生活不是那么悲惨，我们去哪里欣赏那首不朽的《悲怆交响曲》？

如果陀思妥耶夫斯基和托尔斯泰的生活不是那样的充满折磨，他们可能也永远写不出那些不朽的小说。

海伦·凯勒写道："如果我不是有这样的残疾，我也许不会完成我所完成的这么多工作。"也许正因为这种人间的奇迹，所以我们才会对正确的做人方法表现出兴趣和研究的欲望来，因为它对人的命运影响是如此巨大。

美国总统罗斯福是一个有缺陷的人，他小时候是一个脆弱胆小的学生，在学校课堂里总显露一种惊惧的表情。他呼吸就好像大喘气一样。如果被喊起来背诵，立即会双腿发抖，嘴唇也颤抖不已，回答起来含含糊糊，吞吞吐吐，然后颓然地坐下来。由于牙齿的暴露，难过的表情使他没有一个好的面孔。

像他这样的孩子，自我的感觉也许会很敏感，会常常避免同学间的任何活动，不喜欢交朋友，成为一个自卑的人。然而，罗斯福虽然有这方面的缺陷，但却有着奋斗的精神。事实上，缺陷促使他更加努力奋斗。他没有因为同伴对他的嘲笑而减少勇气。他喘气的习惯变成了一种坚定的嘶声。他用坚强的意志，咬紧自己的牙床使嘴唇不颤动而克服惧怕。

没有一个人能比罗斯福更了解自己，他清楚自己身体上的种种缺陷。他开始自觉地改变自己，试图以此来挽救自己的生活。他告诉自己不能再这样自我欺骗，而应该认为自己是勇敢、强壮或好看的。他用行动来证明自己可以克服先天的障碍而得到令自己满意的生活。

凡是他能克服的缺点他便克服，不能克服的他便加以利用。通过演讲，他学会了如何利用一种假声，掩饰他那无人不知的暴牙，以及他那打桩工人的姿态。虽然他的演讲中并不具有任何惊人之处，但他不因自己的声音和姿态而遭失败。他没有洪亮的声音或是威重的姿态，他也不像有些人那样具有惊人的辞令，然而在当时，他却是最有力量的演说家之一。

由于罗斯福没有在缺陷面前退缩和消沉，而是充分、全面地认识自己，在意识到自我缺陷的同时，能正确地评价自己，在顽强之中抗争，不因缺憾而气馁，将它加以利用，变为资本，变为扶梯而登上名誉巅峰。因此在晚年，已经很少人知道他曾有严重的缺憾了。

除了这种不退缩不消沉能使缺陷变成优势之外，另一种巧妙的转化也有同样的效果。

曾长期担任菲律宾外长的罗慕洛穿上鞋时身高只有1.63米，原先，他与其他人一样，为自己的身材而自惭形秽。年轻时，也穿过高跟鞋，但这种方法令他精神上不舒服。他感到这是在自欺欺人，于是便把它扔了。后来，在他的一生中，他的许多成就却与他的“矮”有关，也就是说，矮倒促使他一帆风顺，与众不同。以至他说出这样的话：“但愿我生生世世都做矮子。”

1935年，大多数的美国人尚不知道罗慕洛为何许人也。那时，他应邀到圣母大学接受荣誉学位，并且发表演讲。那天，高大的罗斯福总统也是演讲人，事后，他笑吟吟地怪罗慕洛“抢了美国总统的风头”。更值得回味的是，1945年，联合国创立会议在旧金山举行，罗慕洛以无足轻重的菲律宾代表团团长身份，应邀发表演说。讲台差不多和他一般高，等大家静下来，罗慕洛庄严地说出一句：“我们就把这个会场当做最后的战场吧。”这时，全场突然一片寂静接着爆发出一阵掌声。最后，他以“维护尊严、言辞和思想比枪炮更有力量……惟一牢不可破的防线是互助互谅的防线”结束演讲时，全场响起了暴风雨般的掌声。后来，他分析道：如果大个子说这番话，听众可能客客气气地鼓一下掌，但菲律宾那时离独立还有一年，自己又是矮子，由他来说，就有意想不到的效果，从那天起，小小的菲律宾在联合国中就被各国当做资格十足的国家了。由这件事，罗慕洛认为矮子比高个子有着天赋的优势。矮子起初总被人轻视，后来，有了表现，别人就觉得出乎意料，不由得佩服起来，在人们的心目中，成就就格外出色，以致平常的事一经他的手，就似乎成了破石惊天之举。

的确如此，只要会利用，缺陷也会变成有利条件，关键是我们采取什么样的态度和方法。命运给我们的暗示也许正是这样：我们认为自己是什么样的人，就会成为什么样的人。

追求完美不是完美的处世法

如果你是个完美主义者，那么不妨问问自己是不是渴望比别人更强的虚荣心在作祟？答案如果是肯定的话，你就该放下虚荣心了。

所谓完美主义，就是对自己要求过高，过于苛刻的一种不良心态，因为世界上没有什么是完美无缺的，就连追求完美主义这种想法本身也是不健康的。

某人孜孜不倦地追求着至善至美的最高境界，追求人格上的完美主义，要求自己达到尽善尽美，不允许别人把自己看做是一个有缺点的性格脆弱的人。害怕被人拒绝，被人抛弃，或者陷入孤独之中。

他认为消极的情感是一场灾难，他追求一种情绪上的完美主义。他必须时刻让自己感到幸福和快乐，必须时刻控制住自己的情绪，不允许自己有焦虑和忧郁的心情。

他要时刻做到令人满意，他要求时刻做到对人有求必应。如果有自己的亲友遇到了困难而自己却爱莫能助，他便感到非常的痛苦和内疚。

他要求自己的言行举止时刻保持高雅而优美。他追求一种行为上的完美主义，为了成为一个有价值的人，他必须在他所从事的每一项工作上都有出色的表现。他不允许自己犯错误，认为失败比死亡更可怕。他对自己过分地吹毛求疵，以为一个微不足道的污点会玷污自己的整个人生。他害怕批评，他断定如果有人批评了他，就意味着他在什么地方出了差错。

他渴望找到一位完美无缺的伴侣，同其永远保持一种称心如意、两情相悦的关系。只有在得到了一个完美爱侣之后，他才感觉到世界的美丽和人生的完美。

他给自己确立了一个远大的目标，如果没有达到那个目标，他绝不会原谅自己。

他不断地鞭策自己，尽管他可能取得了一定的成绩，但是他仍然觉得人生处处不如意。即使达到了一个目标，另一个更高级的目标也接踵而至。因此，他疲于奔命，很少体验得到生活的欢乐。

他把自己划分为理想的自我和现实的自我。他对现实的自我感到并不满意，于是在现实生活中，他千方百计地要把自己的现实自我隐藏起来，唯恐它被世人识破和戳穿。

他不断地对自己的人生极限提出挑战，他总是为下一个目标而活着。

追求完美主义不是一种正常的心态，更不是一种完美的心态。

在成长过程中，我们逐渐养成了这样的信念：应该自始至终努力让生活变得尽善尽美。不幸的是，期望越高，往往失望也越大。由于对自己的要求过高，给自己施加了过多的压力，就会束缚住自己的手脚，迫使自己最终放弃了努力，以致一无所成。相反，如果降低了对自己的要求，不再对自己提出好高骛远的期望，心情反而会舒畅快乐起来，会觉得自己更有创造力。

正如莎士比亚所说："最理想的境地总是不可达的，但是人们往往不知道应该退而求其次。"结果，只能被碰得头破血流。因此，追求完美不是应给予强化，而是应给予弱化的心态。

| 第03辑 |

成大事者能忍会让，把吃亏当成受福

人们常说，忍字头上一把刀。这把刀，让人痛，但也会让人痛定思痛。但人生很多时候都需要忍耐，忍耐误解，忍耐欺辱。人生的很多灾祸，都是因为不懂得忍让的结果。遇事放弃直面以对，多一份隐忍的话，人生就会更加和谐。

懂得忍耐是一笔宝贵财富

当受到他人侮辱时不要急于怒形于色，一个人有宁可吃亏、忍辱，息事宁人的胸襟，在人生的旅途中自会觉得妙处无穷，对自己的前程也必将是受用不尽。

孔子说过:“毋见小利，见小利，则大事不成。”这话到今天也是经典箴言。人生的成败从一个方面来讲，也就在“忍”与“不忍”的选择之间。

刘邦死后，太子刘盈当了皇帝，吕后成了吕太后。吕太后最恨戚夫人和赵王如意。刘邦死了，她就找机会毒死了如意，又让人把戚夫人砍掉手脚，挖去双眼，熏聋两耳，再给她灌下毒药，使她变成哑巴，然后扔在厕所里，称为“人彘”，叫汉惠帝刘盈去看。汉惠帝看了大哭，回去就病了，一年多不能起床。从此他天天喝酒玩乐，不问政事，朝廷大权实际上落到吕太后手里。

刘盈当皇帝的第二年，齐王刘肥从自己的封地来长安朝见太后和汉惠帝。刘肥本是惠帝的哥哥，只不过他不是吕太后生的，所以没能当上皇帝。惠帝见哥哥来看他，非常高兴，就吩咐摆酒招待，并且让哥哥坐在上头，自己在下面作陪。吕太后看了很生气，因为皇帝是至高无上的，怎么能让别人坐上座呢？她就让人斟了两杯毒酒递给刘肥，让他给惠帝祝酒，哪知惠帝见齐王起身，也跟着站起来，拿过另一杯毒酒，打算弟兄俩一起干杯。吕太后一看傻了眼，赶紧站起身来，装作不小心，把惠帝手中的酒撞掉了。刘肥也不傻，见这情景知道其中有鬼，不敢再喝，就推说已经喝醉，告辞回去了。

刘肥回到住处，派人一打听，知道刚才那酒果然有毒。他估计吕太后不会放过自己，心中又害怕，又发愁。这时，一个手下人给他出主意说：“太后只有当今皇上和鲁元公主这一儿一女，自然对他们特别宠爱。如今大王您的封地有70多座城，公主却只有几个城。您要是向太后献上一个郡，把它作为公主的汤沐邑，太后定会高兴，您也就不会有危险了。”

刘肥想想也没有别的办法，只好把自己封地中的城阳郡献给公主，太后果然高兴，刘肥这才平安地离开长安，回到了自己的封地。

中国有“留得青山在，不怕没柴烧”的话，不失去一丝小利益，就保不住自己的性命，没有了生命，也就无所谓眼前的或长远的利益。刘肥忍失小利，保全自己，这不仅是一种明智的选择，换来的还是一笔无比宝贵的财富——性命。

有时候生活中的事情就是这样，争一争，行不通；让一让，换来的是融洽，忍耐岂不是一笔宝贵的财富？

忍耐是人生的必修课。无论何时，无论何地，我们都会遭遇它。“忍”字头上一把刀，忍耐的过程是漫长的，忍耐的感受是痛苦的，所以忍耐本身也是一件艰难的事情，但是如果经不住忍耐的考验，我们的人生将会是一片苍白和不堪一击。学会忍耐，会为我们的人生增添一笔难以估量的财富！

变对抗为忍让，人生吉祥

生活处处都有交锋，做人没有必要总是争强好胜。一味地对抗虽然争足了面子，占尽了风头，但最后只会让自己落得个悲惨的下场。

在生活中，一个人如果丧失了忍让的能力，将失去很多已经拥有的东西，这话一点都不为过。因为就算我们在人生旅途中春风得意，已拥有了快乐的生活，也会因为不够忍让而失去，婚姻如此，事业也是如此，友情更是如此。我们不难发现，在充满竞争的现代社会，当各种较量出现在我们的周围时，忍让也正悄悄地从我们的视线中隐退。

一个得道的法师在将要圆寂时，弟子们来到法师床前，求教道：“师傅最后还有什么要交待弟子的吗？”

法师点头，然后张开嘴巴让弟子看，随后问：“我的舌头还在吗？”

弟子们围过去，看了看师傅的嘴巴回答：“舌头还在，好着呢！”

法师又问：“我的牙还在吗？”

因为法师已经一百多岁了，牙齿早已经掉光了，弟子们只看到光秃秃的牙床。

“牙齿不在了。”弟子回答。

法师又问：“明白我要说的话了吗？”

有几个弟子略有所悟，其中一个回答道：“舌头因为柔软，所以存在；牙齿因为刚强，所以全掉光，是这个道理吗？”

法师说：“是啊，只要你们记住这个道理，我就能安心地走了。”

是的，“舌头因为柔软，所以存在；牙齿因为刚强，所以全掉光”。这就是不可争强好胜的道理，人生快乐的秘诀也在于此。懂得忍让的人，不仅能避开对自己的无谓伤害，更能避免伤害他人，生活就会有更多的平安和祥和。正如阿萨吉奥利曾说过的：“如果你心中没有忍让，那你的心中只会有仇恨和报复。如果在这个世界上没有了忍让而只有仇恨和报复的话，那这个世界上就永远不会有快乐的日子了。”

有一对年轻人，自从结婚以后，在生活中总是争强好胜，哪怕是为一件小事他们都要争个输赢。没几年，他们的婚姻到了破裂的边缘。为了重新找到昔日的爱，他们计划进行一次浪漫旅行。他们约定，如果能找回恋爱时的幸福就继续生活，如果不能就分手。

不久，他们去了一条风景优美的山谷，可让他们奇怪的是，山谷南坡长满松、柏，而北坡只有雪松。

天上下起了大雪，于是他们支起帐篷，准备在山谷里宿营。在帐篷里望着纷纷扬扬的大雪，他们突然发现，北坡的雪总比南坡的雪要大得多。不一会儿，北坡的雪松上就积了厚厚的一层雪，不过，当雪积到一定厚度的时候，那富有弹性的雪松枝丫就会向下弯曲，直到让雪从枝上滑下。雪不停地下，雪就这样反复地积，而雪松反复地弯，雪反复地落，这样，雪松因为不会积雪太厚而完好无损。可其他的树因不富有弹性，不会弯曲，树枝全被压断了。南坡雪小，还保留了其他一些树木，所以南坡除了雪松外，还有柏树等其他树木。

发现这一景观，妻子对丈夫说："北坡一定也长过其他树木，只是因为不会弯曲，才让大雪给压毁了。"

丈夫点点头，霎时，两个人像是明白了什么似的，相互拥抱在一起。

丈夫兴奋地说："我们发现了一个秘密——世界万物都不能太好强，树能弯曲一下，这样就不会被压垮；人要是学会忍让，可能就会避免很多伤害。"

从此以后，两个人试着相互忍让，结果，他们不再为小事吵闹，而是幸福地生活在一起了。

如果北坡的雪松不会弯曲，一味地和风雪对抗的话，那么最终被压毁的命运是毋庸置疑的了，所幸它学会了忍让，学会了低头，这样才保全了生命，获得了生存的快乐。

大自然中的树如此，生活中的人也是如此。生活中，忍让就是弯曲的艺术，我们都需要忍，都要学会忍。那么，怎样去忍呢？答案就是学会像雪松那样弯曲，懂得弯曲并敢于弯曲，是一种本领，是一种境界。

所以我们应该学会变通，像雪松那样学会弯曲，变对抗为忍让。记住，一味对抗的结果，只能是像"牙齿"那样最先受到损害。忍让别人，不仅能让别人在自己的宽大胸怀和雍容大度中折服，也能将矛盾化解为和睦，更能让自己的人生充满吉祥。

忍得怨气，换来人生和气

在生活中，或许人们彼此之间原本没有那么多的矛盾纠葛，往往只是因为有人逞一时之快，说话不加考虑，只言片语伤害了别人的自尊，让人下不来台，才产生了彼此争斗的局面。

著名的心理学家卡尔·罗吉斯在他的《如何做人》一书中写道："当我尝试去了解别人的时候，我发现这真是太有价值了。我这样说，你或许会觉得奇怪。我们真的有必要这样做吗？我认为这是必要的。在我们听别人说话的时候，大部分的反应是评估或判断，而不是试着了解这些话，在别人述说某种感觉、态度和信念的时候，我们几乎立刻倾向于判定‘说得不错’、‘真是好笑’、‘这不正常吗’、‘这不合情理’、‘这不正确’或‘这不太好’。我们很少让自己确实地去了解这些话对其他人具有什么样的意义。”

这就是善于以自我为中心的人类过分地相信自我的标准。因而在日常的人际交往中，我们遭遇太多的争论，造成太多心与心的嫌隙。在那些自以为是的争论中，我们竭尽全力地维护那些并不全面、并不成熟的观点。对那些无关紧要的问题不足称道的异己意见，我们给予太隆重的对待。一场狂风暴雨般的唇枪舌箭过后，我们得到的仅是“心乱”，失去的却是“亲密无间”，或许我们还得到些什么？在过后的日子里，我们发现那是嫌隙与隔膜。感谢上帝，我们因此又多了一个“敌人”。在以后的日子里，我们有更多的机会锻炼我们那“锐不可挡”的口才。

卡耐基曾说：“你赢不了争论。要是输了，当然你就输了；如果赢了，还是输了。”在争论中，并不产生胜者，所有不愿对敌的人在争论中都只能充当失败者，无论他（她）愿意与否。因为，十之八九，争论的结果都只会使双方比以前更相信自己绝对正确，或者，即使感到自己的错误，却也决不会在对手眼前俯首认输。在这里，心服与口服没法达到应有的统一，人的固执性，将双方越拉越远，到争论结束，双方的立场已不再是开始时的并列，一场毫无必要的争论造成了双方可怕的对立。所以，天底下只有一种能在争论中获胜的方式，那就是避免争论。

因此，我们在做人办事时，应和和气气，有损人面子的事情一定不要做，有损别人面子的话一定不要说，这样，当请别人给自己办事时，别人才不致于拒绝。不给人面子带来的后果有时是很严重的。

三国名将关羽，过五关，斩六将，温酒斩华雄，匹马斩颜良，偏师擒于禁，擂鼓三通斩蔡阳，“百万军中取上将之首，如探囊取物耳”。然而，这位叱咤风云、威震三军的一世之雄，下场却很悲惨，居然被吕蒙一个奇袭，兵败地失，被人割了脑袋。

关羽兵败被斩的最根本原因是蜀吴联盟破裂，吴主兴兵奇袭荆州。吴蜀联盟的破裂，原因很复杂，但与关羽其人的骄傲有着密切的关系。

诸葛亮离开荆州之前，曾反复叮嘱关羽，要东联孙吴，北拒曹操，但关羽对这一战略方针的重要性认识不足。他瞧不起东吴，也瞧不起孙权，致使吴蜀关系紧张起来。关羽驻守荆州期间，孙权派诸葛瑾到他那里，替孙权的儿子向关羽的女儿求婚，“求结两家之好”、“并力破曹”，这本来是件好事。以婚姻关系维系补充政治联盟，历史上多有先例。如果放下高傲的架子，认真考虑一番，利用这一良机，进一步巩固蜀吴的联盟，将是很有益处的。但是，关羽竟然狂傲地说：“吾虎女安肯嫁犬子乎？”

不嫁就不嫁嘛，又何如此出口伤人？试想这话传到孙权那里，孙权的面子如何吃得消？又怎能不使双方关系破裂？

关羽的骄傲，使自己吃了一个大大的苦果，被自己的盟友结束了生命。

这就正如俗话所说：“蚊虫遭扇打，只为嘴伤人。”以尖酸刻薄之言讽刺别人，只图自己嘴巴一时痛快，殊不知会引来意想不到的灾祸。事实上，我们已深深领教了“死要面子”的苦果，所以，此时我们不再面临任何障碍，我们有足够的勇气和力量，用来迅速而热诚地承认自己的错误，这比起为自己争辩有效和有趣得多。

忍一时之气，换来百日平安

在很多事情上，头低一些，退让一步，不但自己过得去，别人也过得去了，产生矛盾的基础不复存在，矛盾自然就化解了。

面对矛盾，一般最简单的做法就是用“强”去争，但可能对方比我们还强，我们用强人亦用强，结果就不那么妙了。实际上，在聪明人看来，低头不单是缓和矛盾，也能化解矛盾，而争只有在极端的情况下才能解决矛盾，在多数情况下只能是激化矛盾。

明朝年间，在江苏常州地方，有一位姓尤的老翁开了个当铺，有好多年了，生意一直不错，某年年关将近，有一天尤翁忽然听见铺堂上人声嘈杂，走出来一看，原来是站柜台的伙计同一个邻居吵了起来。伙计连忙上前对尤翁说："这人前些时典当了些东西，今天空手来取典当之物，不给就破口大骂，一点道理都不讲。"那人见了尤翁，仍然骂骂咧咧，不认情面。尤翁却笑脸相迎，好言好语地对他说："我晓得你的意思，不过是为了度过年关。街坊邻居，区区小事，还用得着争吵吗？"于是叫伙计找出他典当的东西，共有四五件。尤翁指着棉袄说："这是过冬不可少的衣服。"又指着长袍说："这件给你拜年用。其他东西现在不急用，不如暂放这里，棉袄、长袍先拿回去穿吧！"那人拿了两件衣服，一声不响地走了。当天夜里，他竟突然死在另一人家里。为此，死者的亲属同那人打了一年多官司，害得别人花了不少冤枉钱。

这个邻人欠了人家很多债，无法偿还，走投无路，事先已经服毒，知道尤家殷实，想用死来敲诈一笔钱财，结果只得了两件衣服。他只好到另一家去扯皮，那家人不肯相让，结果就死在那里了。

后来有人问尤翁说："你怎么能有先见之明，向这种人低头呢？"尤翁回答说："凡是横蛮无理来挑衅的人，他一定是有所恃而来的。如果在小事上争强斗胜，那么灾祸就可能接踵而至。"人们听了这一席话，无不佩服尤翁的聪明。

中国有句格言："忍一时风平浪静，退一步海阔天空。"不少人将它抄下来贴在墙上，奉为座右铭。这句话与当今商品经济下的竞争观念似乎不大合拍，事实上，"争"与"让"并非总是不相容，反倒经常互补。在生意场上也好，在外交场合也好，在个人之间、集团之间，也不是一个劲"争"到底，忍让、妥协、牺牲有时也很必要。

为了明天的"伸"，不妨今天"屈"

在逆境中，困难和压力逼迫身心，这时应懂得一个"屈"字，委曲求全，保存实力，以等待转机的降临。

古来成大事者必是能屈能伸的伟丈夫。何谓屈？何谓伸？何谓能屈能伸？善屈善伸，大屈大伸！屈，是一种难得的糊涂，一种“水往低处流”的谦逊；屈，是在困境中求存的“耐”，在负辱中抗争的“忍”，在名利纷争中的恕，在与世无争中的“和”。伸，是以退为进的谋略，以柔克刚的内功，以弱胜强的气概。伸，是无可无不可的两便思维，是有也不多无也不少的自如心态。

春秋时，越王勾践夫妇曾被抓做人质，去给夫差当奴役，从一国之君到为人仆役，这是多么大的羞辱啊。但勾践忍了，屈了。是甘心为奴吗？当然不是，他是在伺机复国报仇。

到了吴国后，他们住在山洞石屋里，夫差外出时，他就亲自为之牵马。有人骂他，也不还口，始终表现得十分驯服。

一次，吴王夫差病了，勾践在背地里让范蠡预测一下，得知此病不久便可痊愈。于是勾践去探望夫差，并亲口尝了尝夫差的粪便，然后对夫差说：“大王的病不久就会好的。”夫差就问他为什么。勾践就顺口说道：“我曾跟名医学过医道，只要尝一尝病人的粪便，就能知道病的轻重，刚才我尝大王的粪便味酸而稍有点苦，所以您的病很快就会好，请大王放心！”果然，没过几天夫差的病就好了，夫差认为勾践比自己的儿子还孝敬，十分感动，就把勾践放回了越国。

勾践回国后，依旧过着艰苦生活。一是为了笼络大臣和百姓，一是因为国力太弱，为养精蓄锐，报仇雪耻。他睡觉时连褥子都不铺，铺的是柴草，还在房中吊了一个苦胆，每天尝一口，为的是不忘所受的苦。

吴王夫差放松了对勾践的戒心，勾践正好有时间恢复国力，厉兵秣马，终于可以一战了。两国在五湖决战，吴军大败，勾践率军灭了吴国，活捉了夫差，两年后成为霸王，正所谓“苦心人，天不负，卧薪尝胆，三千越甲可吞吴”。

要想成就一番大事业就得忍受常人所不能忍受的耻辱，历史将赋予我们重大的任务，我们就要做好吃苦受辱的准备，那不仅是命运对我们的考验，也是自己对自己的验证。面对耻辱，要冷静地思考，不接受此时的耻辱会不会出现生命的劫难，会不会从此一蹶不振永难再起？如果真存在这种情况，那么就要三思而后行，而不是鲁莽地凭自己的一时意气用事。因为人在遭遇困厄和耻辱的时候，如果自己的力量不足以与彼方抗衡，那么最重要的是保存实力，而不是拿自己的命运当赌注，做无所谓的争取。一时意气是莽夫的行为，绝不是成就大事业的人的作为。

在现今焦躁不安的社会中，我们更要学会一种心态，需要屈时就屈，需要伸时就伸，可以屈时就屈，可以伸时就伸，为人处世遇事有退让一步的态度方为高明，因为让一步就等于为日后进一步做准备，待人接物以抱宽厚态的心境为快乐，也消除了自己骄傲暴戾的情绪。

好汉不吃眼前亏，识时务者乃俊杰

人生仿佛一条射线，永远向前而且散发着美丽的光芒，需要我们学会激流勇进；然而在走上人生的巅峰时，更要懂得顺流而下，能达到这一境界的人，才不失为一位智者。

无论在哪个领域，多种势力在接触与较量的时候，进固然重要，但在很多情况下，退更为必要，也就是说，走为上，走得巧、走得妙，就能保全自己。

当姜维在祁山一带同魏将邓艾殊死战斗时，后主刘禅在成都，听信宦官黄皓的话，贪恋酒色，不理朝政。朝中大臣因后主荒淫，对国家前途不免忧心忡忡，一时之间，贤人逐渐离去，而小人却乘虚而入。当时有个名叫阎宇的右将军，什么功也没立，只因善于巴结宦官黄皓，居然爬得很高。他听说姜维在祁山战斗不利的消息，便求黄皓对后主刘禅说：“姜维一次又一次出兵都毫无建树，可以让阎宇代替他。”后主自然听从，便派出使臣，携了诏书，召回姜维。姜维正在祁山进攻魏军的营垒，忽然之间一天连来三道诏书，命他班师。他无可奈何，只好从命。

回到汉中以后，姜维安排好人马，便同使臣一起到成都去面见后主。可后主一连十天都不上朝。姜维心中十分疑惑。这一天来到了东华门，正好遇见秘书正。姜维问他："天子要我班师，你知道是什么缘故吗？"正笑着回答："大将军怎么还不知道，这是黄皓为了让阎宇立功，请求朝廷，发出诏书召回将军。后来又听说邓艾善于用兵，估计阎宇不是他的对手，这事才又搁下不提了。"姜维一听此言，不由大怒说："我一定要杀掉这个奴才！"正制止他说："大将军继承诸葛亮武侯的事业，责任大，职权重，怎么能那么感情用事？如果闹得天子都容不下你，那可就不妙了。"姜维很感激地说："先生的话很有道理。"

第二天，后主与黄皓在皇宫后花园设宴饮酒，姜维领几个人直接进来。早有人向黄皓通风报信，黄皓慌忙躲到花园的一角。姜维来到亭下，叩拜后主，流着泪说："臣已将邓艾围困在祁山，陛下接连降下三道诏书，召我回朝，不知陛下是什么意思？"后主默默不语。姜维又说："黄皓奸邪狡猾，专擅朝政，与东汉末年那些祸乱国家的宦官没什么两样。只有早早杀掉此人，朝廷才可以安宁，中原才可以恢复。"后主笑着说："黄皓不过是一个供使唤的小臣，就算他专权，也不能有什么作为。你又何必把他放在心上？"姜维叩头说："陛下今日不除黄皓，灾祸很快便会降临了！"后主说："爱一个人便愿意他活下去，恨一个人便要他死，你怎么连一个宦官也容不下？"说着便命人到花园一侧去找来黄皓，让他向姜维叩头请罪。黄皓哭鼻子抹眼泪地说："我不过是伺候皇上罢了，并不曾干预国政。将军千万不要听信外人的传言，想要杀我。我这条小命就掌握在将军的手里，还请将军可怜可怜我。"说罢，又是叩头，又是哭号。

姜维愤愤而出，见正，将这些情况详详细细地告诉了他。正说："将军将有大祸临头了。将军若有个三长两短，国家也就完蛋了。"姜维说："请先生教我保国安身的办法。"正说："陇西有一个地方，名叫沓中，那里土地十分肥沃。将军何不仿效诸葛武侯屯田的事，上报天子，前往沓中屯田？这样，一可以收获粮食以供军中之用，二可以夺取陇右大片土地城池，三可以使魏国军队不敢对我汉中轻举妄动，最后，将军在外握有兵权，谁也不敢算计你，可以避祸。这就是保国安身的办法，将军应早早去实行。"姜维大喜，道谢说："先生的话真是金玉良言。"

第二天，姜维上表后主，要求去沓中屯田，仿效诸葛亮，后主答应了，他便回到汉中。

正所谓，“好汉不吃眼前亏，识时务者乃俊杰”，有时候还要学会顺流而下，避免与敌手正面相撞，使自己得不偿失。其实，这也可以说是一种“走”的艺术。“走”或“不走”有时的确要费一番思量。该走的时候不走，不该走的时候又走了，都会产生困扰。所以，“走”也是一门艺术，既要掌握时机，也要靠点运气，才能走得正是时候，走得理直气壮。当我们处于人生巅峰时，就要学会顺流而下，只有这样才能够更好地自存下去。

忍受得了委屈才能成得了大事

我们要善忍小节，培养自己成大事的良好习惯。能够忍耐小的过失和缺点，才有机会成就大的事业。

人有七情六欲，喜怒哀乐是人与生俱来表达情感的方法，一个人在这世上，难免会遇到令人高兴或气愤的事。兴奋的事可以使人心情愉快，精神奋发，并使生活充满无限的希望。而令人气愤的事往往会使人义愤填膺，怒火中烧，很可能使人丧失理智，做出不可收拾的不良举动。我们都知道，当一个人气上心头时，意气用事是在所难免的，因此，不论所说的话或所做的事，总是超出想象的，在这个时候，即使平常说话非常谨慎的人，也会因丧失考虑而祸从口出。然而，尽管生气是人之常情，但一个人生活在世上，若能高高兴兴地过一生，那不是一件很美的事？所以，我们应尽量以愉快的心情，来处理生活上的各种问题。即使一旦发怒，最好能尽量忍在心里，不要爆发，用理智来抑制激情，才能使大事化小，小事化无。

忍，往往能体现出一个人的能力；能忍的人，才能够经过千折百转之后做出一番大事业。

1076年，德意志神圣罗马帝国皇帝亨利与教皇格里高利争权夺利，发展到了势不两立的地步。亨利早想摆脱罗马教廷的控制，获得更多的独立性；教皇则想加强控制，把亨利所有的自主权都剥夺殆尽。亨利召集德国境内各教区的主教们开了一个宗教会议，宣布废除格里高利的教皇职位；而格里高利则在罗马的拉特兰诺宫召开了一个全基督教会的会议，宣布驱逐亨利出教。“开除出教”是一种最令人害怕的惩罚，它等于宣布剥夺了一个人的一切社会地位和社会关系，甚至生命。当时亨利在国内的基础并不稳固，教皇的号召力非常大，一时间德国内外反亨利力量声势震天，特别是德国境内的大大小小的封建主都兴兵造反，向亨利的王位发起了挑战。

亨利面对危局，被迫妥协。1077年1月，亨利身穿破衣，只带着两个随从，骑着毛驴，冒着严寒，翻山越岭，千里迢迢前往罗马，向教皇请罪忏悔。格里高利故意不予理睬，在亨利到达之前躲到了远离罗马的卡诺莎行宫。亨利没有办法，只好又前往卡诺莎拜见教皇。到了卡诺莎后，教皇紧闭城堡大门，不让亨利进入。当时大雪纷飞，天寒地冻，身为帝王之尊的亨利屈膝脱帽，一直在雪地上跪了三天三夜，教皇才开门相迎，饶恕了他，这就是历史上著名的“卡诺莎之行”。

表面上看，是教皇格里高利赢得了胜利，但实际上，恰恰是他自己救了摇摇欲坠的亨利。教皇使得众多追随者大为失望，而亨利恢复了教籍，保住帝位返回德国后，集中精力整治内部，然后派兵把封建主各个击破，并剥夺了他们的爵位和封邑，曾一度危及他王位的内部反抗势力被逐一消灭。

在阵脚稳固之后，亨利立即发兵进攻罗马，以报跪求之辱。格里高利再施“撒手锏”——开除教籍，但这回却完全失策了。原来的支持者已被除灭，中间派在“卡诺莎之行”后已不敢信任教皇，纷纷投靠亨利。亨利强兵压迫，所向披靡，格里高利弃城而逃，最后客死他乡。

“小不忍则乱大谋”，这句话在民间极为流行，甚至成为一些人用以告诫自己的座右铭。的确，这句话包含有智慧的因素，有志向、有理想的人，不会斤斤计较个人得失，更不应在小事上纠缠不清，而应有广阔的胸襟，远大的抱负。

| 第04辑 |

淡看恩怨情仇，聪明的人常常以德报怨

不管我们多么有道理，指责、谩骂，甚至睚眦必报都不能让人对我们心服口服。对他人最有力的征服莫过于有一颗宽容的心，它不仅能让我们收复人心，更让你营造出属于自己的快乐家园。

恕人之过胜过怀恨在心

把心放宽，用一个淡淡的微笑，一句轻轻的安慰，包涵谅解别人，以律人之心律己，以恕己之心恕人，就会感到很快乐。

有一则公益广告：拥挤的公共汽车上，一位男子不小心把一位姑娘的脚踩了，女子不依不饶，男子也不甘示弱，他俩吵得不可开交。这时，一位老者说：“算了，算了，年轻人，把心放宽就不挤了！”

是啊！当人行到窄处，不妨把心放宽，恕人之过，这样相互之间的关系就不至于弄僵，谅解了别人自己也就得到快乐。

把心放宽，恕人之过绝对不是面对现实的无可奈何，更不是软弱无能的表现，这是一种气度，一种胸怀，一种伟大的人格。宽恕别人，其实就是快乐自己。宽恕有助于身体健康，有助于赢得友谊，有助于家庭和睦，有助于事业成功。人生之旅，从来都是磕磕碰碰的，我们触犯别人或者别人触犯我们的事情随时存在，只有把心放宽，恕人之过，才可以随时随地收获快乐。

一位父亲带着两个儿子一起去登山，行经一处石崖时，弟弟失足滑落，哥哥拼命拉他，费尽九牛二虎之力终于将他救起，弟弟感激不已，于是在附近的大石头上刻下了：“某年某月某日，哥哥救了弟弟一命。”

他们继续向前走，来到一处河边，哥哥和弟弟为了谁先过河的一点小事吵起来，哥哥一气之下打了弟弟一耳光，弟弟从旅行包撕下一张纸，写下：“某年某月某日，哥哥打了弟弟一耳光。”然后叠成一只小船，放在河里飘走了。

父亲十分好奇，于是就问小儿子：“你为什么把哥哥救你的事刻了下来，而不把哥哥打你的事刻下来呢？这里也有很多石头啊。”

他的小儿子认真地回答说：“哥哥救了我，我十分感激他，至于他打我的事，我打算把它忘记，所以叠成小船飘走了。”

听到这里，哥哥羞愧地低下了头。

这是一个值得人敬佩的男孩。这个孩子在挨了哥哥耳光后所表现出来的大度让人称赞，他能记住哥哥的好，而忘记哥哥的错，这种胸怀不是一般大人都能做到的。他宽恕了哥哥，他一定也得到了快乐。

古人云：“壁立千仞，无欲则刚，海纳百川，有容乃大。”是的，生活的快乐之源是宽容。当我们十分努力地去做一件事，但无法得到别人的认可，内心万分沮丧时，请别忘了：宽容是快乐之源，它能包容一切，也能化解一切。很多时候，睚眦必报会把事情弄得越来越糟，但是如果把心放宽，容人之过，就会发现快乐就在眼前。

仇恨如牢笼，心怀怨恨，伤人亦伤己。如果我们执意要为他人的错误而惩罚自己，斤斤计较，寸土必争，那么带来的后果只能是无法获得生活的幸福，永远失去心灵的快乐。而宽恕则如和煦的春风，春风所到之处，吹走一切不快，让我们的心灵获得自由。把心放宽，恕人之过，既可以让生活更轻松愉快，也可以让我们收获更多的亲情和朋友。

美国《时代周刊》上曾经刊载过这样一个感人的故事。

一对老夫妇20岁的儿子被一个酒后驾车的年轻人撞死了。这对夫妇得知他们的独子被撞死后，心中充满痛楚、伤心和愤怒。但是在那年的圣诞节，他们几经挣扎，还是怀抱宽恕之心，到监狱探视了凶手。因为他们了解到凶手也是个年轻的孩子，他们不想用仇恨的态度来影响他一生。老夫妻轮流拥抱了他，如同拥抱自己的儿子一样。年轻的孩子很愧疚地哭了，向他们表示歉意，并表示出狱后要替他们的儿子尽人子之责。

相信看过这个故事的人都会深深感动。是的，“得饶人处且饶人”，宽容比仇恨更能打动人心。与其将仇恨记在心里，让它毒害自己的灵魂，倒不如将它清除，这样在给别人一个机会的同时，也让自己的心灵得到了一份快乐。

在这个世界上，每天都会发生许许多多的故事，人情易反复，世路多崎岖，如果我们能够把心放宽，以一颗宽容之心待人，何愁世间不能多一些温暖、人间不会变得更加美好？如果这样做了，我们会发现快乐就在自己的眼前。

与其追究报复，不如包容宽恕

宽容犹如炎炎酷暑里的一汪清泉，更像皑皑冬天里的一轮暖阳。宽容别人，可以让生活更加轻松愉快，也可以让我们的心灵获得更多的快乐。

宽容是快乐的“魔法石”，能够以宽容的心对待周围的一切，这样的人是快乐的。人人都有犯错的时候，与别人过不去就是与自己过不去，只有宽容地看待他人的错误时，我们才能获得灵魂的安宁，才能生活在欢乐之中。可是生活中，大多数人总希望得到别人的宽容，却总是把别人的缺点和错误放在心里，结果给自己留下了无尽的烦恼。这样的人，其实就是自己为难自己，不能宽恕别人，也就体会不到那种宽容后的快乐。

凯德曼是乐团的候补小提琴手，只有在主奏生病或有事的时候，他才有出场的机会。

一天，刚回到家，听见卧室有响声。那种响声对于音乐家来说太熟悉了，那是他心爱的阿马提小提琴的声音。

“有贼！”凯德曼先生快速冲上楼，果然，他看到一个十几岁的陌生男孩正在那里摆弄那把小提琴。

这个男孩头皮蓬乱，身材瘦小，破旧的外套里面好像塞了些东西，很显然，他是一个小偷。凯德曼先生用强壮的身躯将他堵在了卧室里。

男孩的眼里充满了惶恐、胆怯和绝望……看到这些，凯德曼的心软了下来，他马上用微笑代替了愤怒的表情。

他问道：“你是琼吗？就是丹尼尔先生的外甥，我是他的管家。丹尼尔说你要来，想不到你来得这样快！”

那个男孩先是一愣，但很快回应道：“舅舅出差了吗？那我先出去转转，一会儿再回来。”

男孩轻轻地将小提琴放下。

凯德曼问道："你也喜欢拉小提琴吗？"

"是的，可我拉得不好。"男孩回答。

"那你用这把琴去练习一下。"凯德曼温和地说。

男孩疑惑地看了他一眼，但还是拿起了小提琴。

在客厅，当男孩看见墙上挂着一张演出的宣传照，上面写着"凯德曼先生"时，身体猛然抽搐了一下，发疯似的跑远了。

凯德曼先生相信那位少年已经明白发生了什么，因为谁会用管家的照片来装饰自己的客厅呢？

这天晚上，凯德曼的太太问道："亲爱的，怎么不见了你那把心爱的小提琴了，坏了吗？"

"没有，我把它送人了。"凯德曼说道。

"送人？不会吧！那可是你生命中不可缺少的东西。"凯德曼太太有些不相信。

"你说的没错，但如果它能够拯救一个人，我情愿这样做。"

于是，他就将事情的经过告诉了她，然后问道："你觉得我有必要这么做吗？"

"希望这样能对这个孩子有所帮助。"妻子说道。

两年后，凯德曼失业了，很多的时候，他只能待在家里。好在电视上天天直播"全国音乐大赛"，凯德曼借此打发时间。

在比赛中，一位叫里特的小提琴选手脱颖而出，闯入了决赛。人们猜测，究竟是谁调教了这样一个音乐天才。可是，就连比赛的主办方也不知道里特的来历。当主持人问及里特，里特说要是有幸拿到比赛第一名，他将在颁奖大会上说出他师出何人。

于是，人们对里特秘密的期待，远远超过了对谁是比赛的冠军。

最后，里特用精湛的演技获得了全国比赛的第一名！

秘密就要揭晓了，这时，所有的电视镜头都对准了里特。

面对镜头，里特说："我的老师叫凯德曼，是一个并不著名的小提琴手，他曾经送过我一把小提琴，我一直珍藏着，直到有了今天！"

说着，里特热泪盈眶："那时候，几乎每一个人都把我当成垃圾，我也以为自己彻底完了。但是，您让我在贫穷和苦难中重新拾起了自尊，心中再次燃起了改变逆境的熊熊烈火！凯德曼先生，您在看比赛吗？今天，我可以无愧地将这把小提琴还给您了……”

看着电视上的里特，两年前的那一幕又出现在凯德曼先生的眼前，原来他就是“丹尼尔先生的外甥琼”！

凯德曼先生激动得流下了幸福的泪水。

后来，因为凯德曼是天才的老师，他又回到了乐团，并成为了乐团的主奏。

当凯德曼先生看到小里特用精湛的演技获得了全国小提琴比赛的冠军以及那番真情表白后，他应该觉得比任何人都快乐，因为正是自己的一份小小的宽容成就了小里特的辉煌人生。试想一下，如果凯德曼先生当初没有宽恕里特，而是选择在里特入室盗窃的那一刻把他送到警察局，那么还会有小里特的今天吗？他还能享受到天才少年发自内心感激老师时的那份快乐吗？不会的，一定不会。

所以说：“世界上最宽阔的是海洋，比海洋更宽阔的是天空，比天空还宽阔的是人的胸怀。”宽容是世上最美丽的一种情感，宽容更是人间最靓丽的一道风景。人人多一份宽容，社会就会多一份理解，人人多一份宽容，社会就会多一份和谐，宽容是人间的润滑剂，宽容更是快乐的“魔法石”！

悦纳自己先宽容别人

设身处地替别人着想，用善意的理解和爱来化解矛盾。当我们学会了宽容，快乐也就离我们不远了。

在生活中，我们能容别人，别人才能容我们，这是生活的辩证规律。每个人都是一个社会上的人，是不可能不与其他人交往的，在与别人相处时，发生冲突或者产生矛盾是在所难免的，如果不是什么大的原则问题，不妨宽容一笑了之。我们宽容了别人，不仅体现了我们做人的风范，更重要的是，和平化解了矛盾，给自己带来了精神的愉悦。

于右任是我国著名书法家，在20世纪50年代，许多饭店、商铺最喜欢挂起于右任题写的招牌，以招揽顾客。但于右任题写的招牌极少，大多都是赝品。

有一天，一个学生气呼呼来找于右任："老师，我今天见有一家小饭店居然也挂起了以您的名义题写的招牌，字迹很差，明显是欺世盗名，您说可气不可气！"

于右任说："哦？怎么回事？"学生叫苦说："也不知道他们在哪里找来的写手，字写得歪歪扭扭的，难看死了。居然还签上您的大名，连我看着都觉得害臊！"

"这可不好，"于右任说，"你说的那家饭馆叫什么名字，主要卖什么东西？"

"是家很小的面馆，饭店虽小，做的饭菜倒干净地道，铺子的名字叫'羊肉泡馍馆'。"

听了学生的话，于老师沉默不语。

"我去把招牌摘下来吧！"学生说完就准备出去，但被于右任叫住了。

于右任从书案旁拿出一张宣纸，提起毛笔，酝酿了一下，刷刷在纸上写下几个大字，交给学生说："你去把这个东西给店老板吧！"

学生接过来一看，不由得惊呆了。只见纸上是龙飞凤舞、酣畅淋漓的几个大字——"羊肉泡馍馆"，落款处则是"于右任题"，并盖上了私章。

"老师，您这是？"学生大惑不解。

于右任笑道："这冒名顶替固然可恨，但毕竟是说明人家瞧得起我于某的字，只是不知道真假的人看到了那张惨不忍睹的招牌，还以为我于大胡子写的字真的就那么差，那我不就亏了嘛！所以，还是麻烦你跑一趟，把那张假的换下来吧！"

"啊，我明白了。"学生拿着于右任的题字匆匆去了。

可见，做了错事，却能得到别人的宽容，这样的人是幸福的；别人侵犯了自己，却能宽容别人，这样的人是高尚的。那家羊肉泡馍馆的老板居然以一张假招牌换来了当代大书法家的墨宝，相信他喜出望外之余，应该是惭愧之至吧；而一代书法大家于右任，别人坏他名声，他不仅不生气，反而还以真迹相赠，这样的胸怀和气魄不得不让人敬佩！

是的，宽容别人其实就是悦纳自己。宽容是一种充满智慧的处世之道，以一种博大的胸怀和真诚的态度宽容别人，对他人的小过反而以大度相待，实际上就是一种人格魅力的彰显，这种魅力会使他人没齿难忘，终生感激，能够得到别人的终生感激，这样的人是最快乐的。

提到“肥姐”沈殿霞，大家一定不会陌生，她是中国最富喜感的明星，是香港著名的节目主持人。经她主持的节目不知给观众带来多少欢声笑语，然而在2008年，她因病医治无效在香港辞世。“肥姐”的离去让亿万观众感到惋惜，因为在她的身上有许多别人不具备的美德，其中最突出的一点，就是“宽容”。

“肥姐”沈殿霞当年是红透香港的金牌司仪的时候，与名不见经传且饱受生活打击的郑少秋一见如故，她不顾舆论压力，全力扶持郑少秋的事业并安慰他的情感，在与他同居九年后毅然同他登记结婚并且不惜冒着生命危险为他怀孕生女，然而她们的女儿来到人世还不到两个月，郑少秋却移情别恋。他们十年情感一朝云散，最终以“肥姐”遭到沉重打击而告结束。

多年以后，“肥姐”在TVB主持的谈话节目《掌声背后》开播，第一期节目的第一位嘉宾竟然是郑少秋。二人相对而坐，待节目结束时，“肥姐”突然很意外地问郑少秋：“有个问题好久前就想问你了，今天借这个机会问你一下，你只需回答Yes或是No就行。”因为激动，“肥姐”停顿了一下，“这个问题就是：在多年以前，你究竟有没有真心爱过我？”郑少秋听后，几乎只是稍加思索，便坚定而认真地回答说：“我真的好爱你！”

听到这句话，“肥姐”立刻泪流满面，随即她释然一笑，似乎多年的委屈只因为这六个字而烟消云散了。

能够以一种博大的胸怀宽恕曾经伤害过自己的人，肥姐的这种大度让人敬佩。宽恕伤害自己的人可不是一件容易的事，我们中国人向来信奉“有仇必报，有恩必复”，也就是说，“人不犯我，我不犯人，人若犯我，我必犯人”，但“肥姐”却以女性不多见的宽容原谅了曾经背叛伤害她的郑少秋，她原谅了别人的过失，也快乐了自己的人生。

当今社会，各种矛盾和纠纷层出不穷，邻里之间、朋友之间，甚至是亲人之间，对簿公堂的事情时有发生，究其原因，就是因为现在的人缺乏宽容，心地越来越自私，心胸越来越狭隘。如果我们都能像于右任和“肥姐”那样有一个博大的胸怀，相信没有什么矛盾是不能化解的。

宽容是酿造美好生活的蜜，是消除人与人之间隔阂的桥梁。宽容别人其实就是悦纳自己，因为宽容，一生豁达，一生快乐；因为宽容，心理天平永远不会倾斜，脚下的路会越走越宽，人际关系会越来越好。因为宽容，所以快乐。

与其斤斤计较，不如豁达处之

一个人要想生活在快乐中，就一定要放宽心胸看世界，不能斤斤计较，否则，很难获得人生的快乐。不计较，得之淡然，失之泰然，心境平和一些，人生就会快乐很多。

人生中不如意的事情是随时随地存在的，比如说：无缘无故地，被领导训斥一番；防不胜防地，评职称被人挤了名额；莫名其妙地，被邻居痛骂一顿；糊里糊涂地，和老婆又吵翻了……无论是在工作中还是生活上，不如意的事情像影子一样总是跟着我们，给我们带来了无尽的烦恼。

面对这些不如意的事情怎么办？是把它放在心上，时时折磨自己，还是不与它斤斤计较，坦然一笑，让它随风而去？聪明的人应该选择后者，因为计较是人生痛苦的开始，为了多与少的差别和人争吵不休；为了名与利的争斗和人反目成仇；为了一些琐屑小事和人大打出手……这样斤斤计较的结果只会让自己活得很累，找不到人生的快乐。

大德禅师非常喜爱兰花，他在寺旁的庭院里栽植了好几百盆各种各样的兰花。除了讲经说法外，他把余下的精力都投在了照料兰花上。庙里的和尚都说，兰花就是禅师的生命。

一天，禅师外出讲经，他让弟子在闲暇时给兰花浇水、除草。可是，弟子在侍弄兰花时，一不小心把花架绊倒了，整架的盆兰都打翻在地，毁坏了很多兰花。弟子害怕急了，心想："师父回来看到心爱的盆兰被毁，肯定会大发雷霆？"

于是，这个犯错的小和尚就和其他师兄弟商量，等禅师回来后就赶紧认错。

奇怪的是，禅师回来后听说这件事，一点也不生气，反而笑着安慰弟子说："我之所以种植兰花，一是用它来供奉佛祖，二是美化寺院环境，可不是想生气才种兰花啊！凡是世间的一切都是捉摸不定的，不要纠结于一件事，这样你就会产生很多痛苦！"

在场的弟子们听了禅师这番话，对禅师更加尊敬佩服了。

庙里的和尚都说，没有什么人能让大德禅师生气。有人曾问大德禅师："世人诽谤我、欺负欺、侮辱我、厌恶我，怎么办？"大德禅师回答说："你只需由他、任他、忍他，你看他怎么办。"有弟子向他诉说："山下有一恶人，经常向我吐口水，怎么办？"大德禅师回答："你对他笑，对他施礼，你看他怎么办。"

大德禅师从不和人计较什么，整天笑嘻嘻的。大德禅师活了一百多岁，无疾而终。

可见，凡事不计较，这才是快乐人生的秘诀。小和尚打破了禅师心爱的盆兰，禅师却说："我不是想生气才种兰花啊。"禅师虽然喜欢兰花，但心中却没有兰花这个挂碍，这正是禅师胸怀宽阔凡事不计较的表现。

可是在生活中，能做到像大德禅师这样凡事不计较，把一切看开的人是少之又少。有些人总是把金钱、名利、权位这些物质的东西看得太重，凡事都喜欢计较，时刻算计着是你得的比我多，还是我得的比你少。这样斤斤计较的结果就是不仅和自己过不去，而且和别人过不去，既激化了矛盾，又弄僵了人与人之间的关系，失去了做人的快乐。

雅玲和男友准备结婚了，于是决定买一套婚房。跑遍了城市的各大楼盘，终于选定了一套总价120万元的现房。房价水平虽远高于两人的工资水平，但男友说了，他负责首付，雅玲负责装修和电器家具。男友家庭条件还不错，家里给他留了一套二手房。为了支付婚房的首付，不久前男友把那套二手房卖了，那套房听说卖了60万元。

选好了房回家，雅玲十分高兴，想着终于能跟相恋六年的男友拥有自己的房子了，这是每天做梦都盼着的事情啊！每天早上，雅玲都是笑着从梦中醒来的。

在办理房子手续的那一天，男友准点到达，身后还跟着他的爸爸妈妈，雅玲想着可能是准公婆担心他们办不好手续，前来帮忙的吧。于是雅玲满脸笑容地迎上去，婆婆亲热地挽起雅玲的胳膊，他们一起走向服务台。

在办理手续时，工作人员问："房子写谁的名字啊？"

有说有笑的四口人突然间冷场下来，雅玲觉得这是个很简单的问题，她和男友结婚的房子当然是写两个人的名字，要不怎么是婚房呢？可男友却为难地看着他爸妈。一时间大家陷入了一阵尴尬的沉默……

男友将雅玲拉到一边，低声告诉雅玲说，他的父母希望房产证上只写儿子一个人的名字，因为老两口竭尽所能凑了整整80万元，所以希望只写男友的名字，这样落个安心，以免将来出什么差错。

听男友这么一说，雅玲明白了，可雅玲心想：按照两人的约定，房子一到手，她就得出钱装修买电器买家具，这也是一笔不小的开支呢！那怎么算呢？而且，两人结婚了，房贷肯定是两人一起负担，虽说余下的钱和首付的80万元相比不多，可40万元也不是个小数目呀。想到这里，雅玲有一种不被信任的感觉。

于是，当天房子的手续就没有办下来，雅玲父母在得知后也觉得非常生气，心想：我们把女儿都嫁给你们了，你们还这样计较，真是小心眼。双方为这事见了好几次面。雅玲父母提出：如果房子只写男友的名字，那么房子后期的装修和其他一切开销都由男方承担才对。而男友父母却觉得装修至多也就花个20万元，比起80万元太少了，如果一定要写两个人的名字，那雅玲家应该也拿80万元出来。

就这样在来回争执中，雅玲伤心欲绝，她和男友之间的沟通越来越少，说不上三句话，话题就转到了房子的问题上，他们吵架的次数越来越多。后来，两个人不堪重负，最终选择了分手。

一段维持了六年的感情最终因为房子问题搁浅了，这不能不说是个悲剧。问题的根源出在哪里？就是因为双方太过于计较了，尤其是男友的父母，把金钱看得太重，这样斤斤计较的结果只能是亲手毁掉了小两口的幸福生活，儿子和媳妇最终以分道扬镳告终。

是呀，凡事不要斤斤计较，留三分余地给别人，其实就是留三分余地给自己，生活不是单纯的取与舍，也不是单纯的得与失，很多时候，我们都太喜欢计较了。为了名，为了利，为了一时之气，白白让自己身心负累。其实，快乐生活的秘诀就是不计较。不斤斤计较，该是我的，还是我的；不是我的，依靠计较得到，最终也会失去。

要想不纠结，先学会不在意

不在意别人对自己的伤害，原谅那些曾经触犯自己的人，自己的人生就会得到快乐，如果自己拒绝忘记那些微不足道的陈年往事，那就体会不到生活的宽容之美。

在我们的人生道路上，来自外界的侵犯会很多很多，不管我们是不是有错，这些纷扰就自己来到了我们面前，如果都一一在意，时刻挂心，相信我们一定会活得很累，只有学会不在意，像歌德那样淡定如水，我们才能活得潇洒，人生才会是另一种境界。

一支部队在山间与敌军相遇并展开了激烈的战斗，激战过后，大部队已经撤走了，有两名战士没有跟上部队，并且最终与部队失去了联系。

两人在山中艰难地行走着，为了有信心走出大山与部队取得联系，他们一直互相支持、鼓励、安慰。几天过去了，他们仍没有赶上部队，身上仅有的干粮也吃光了。

忽然，他们发现了一窝兔子，两人一起抓住了几只兔子。就这样又艰难地度过了几天。眼看就剩下一点兔肉了，他们谁也不舍得吃那仅有的一点食物。

又一天，他们再一次与敌人相遇，经过激战，他们巧妙地避开了敌人。就在以为安全时，只听一声枪响，走在前面的战士中了一枪，随即倒在了地上。

后面的战士惶恐地跑了过来，他一看，幸亏子弹打在了肩膀上。他害怕极了，抱着战友的身体泪流不止，撕下自己的衬衣包扎了战友的伤口，把仅有的兔肉也给战友吃了。

当晚，未受伤的战士一边不停地照顾受伤的战士，一边念着母亲的名字。当时他已经是饥饿难忍了。他以为他们熬不过那一晚了，没有人知道他们是怎么熬过去的。第二天天明，他们很幸运地被路过的部队救了出来。

事隔多年，或许是良心的发现，未受伤的战士给受伤的战士来了一封信请求他的原谅："亲爱的战友，请你原谅我，你知道吗？我曾经对着你开了一枪。我真的为我这样做感到难过，以至于这些年我都陷在自责中。"

让他没有想到的是，他的战友在回信中这样写道："我知道谁开的那一枪，那就是你——我的战友。当时在你抱住我时，我碰到了你发热的枪管。我怎么也不明白，你为什么对我开枪？但那天晚上我明白了，你是想独吞我身上背的兔肉，你想为了你的母亲而活下去。"最后，他在信的结尾写道："我早已不在意这件事了，我只是记得，你为我包扎伤口，让我吃了仅有的食物。你做的这些让我很感动。我一直都清楚地记得你照顾我的那个晚上。希望以后不要再提这件事了，因为我们都还好好地活着。"

未受伤的战士看完信后眼睛红红的，久久没有把信放下。

别人对自己开了一枪，都能够"不在意"，这需要一种多么崇高的境界啊，而这一点，那位受伤的战士做到了。

是的，人生在世，要互相理解，多感激别人的恩惠，不要计较别人对自己的不好。如果人们都能像那个受伤的战士一样，用一颗博大的胸怀原谅别人的过错，哪怕是生命威胁都能不在意，那我们生活中的一些小怨恨还有什么不能忘记呢？但是生活中的大多数人还是不能做到完全不受别人影响，很多人都会在意别人对自己的看法，由此便产生了种种烦恼。

古代有一位妇人，常常因为看不惯丈夫和婆婆所做的事，气得吃不下饭、睡不好觉。于是就去求一位高僧用佛法为自己开阔心胸。

高僧把她领到一间禅房中，让她面对佛祖静坐，自己落锁而去。

已经过了吃饭的时辰，妇人虽然觉得很饿，但是就不见有人送斋饭来。妇人气得大骂，可高僧也不理会。闹了一会，妇人开始哀求，但高僧还是置若罔闻。

等妇人闹累了，安静下来了。高僧来到门外问："你还生气吗？"

妇人说："当然生气啦，饿了也不给饭吃，都怪你想出这么一个馊主意。"

"你丈夫赌博输了钱，你不是气得好几天不吃饭吗？今天你就当是为你丈夫而生气吧。"高僧说罢拂袖而去。

过了一会儿，高僧又来问她："还生气吗？"

"怎么能不生气了？是你把我锁在禅房里的，为什么让我为丈夫而生气呢？"妇人说。

"今天你不为丈夫生气，可以前为什么总为丈夫生气呢？看来，你还没有想通。"高僧说。

妇人说："因为你的错误去生我丈夫的气，没有必要呀。"

"对呀，可你为什么常拿丈夫的错误来气自己呢？"高僧笑道。

妇人无语。看妇人有所悟，高僧这才让沙弥端来斋饭。

夜幕降临了，因为白天的折腾，妇人便早早地准备歇息了。

妇人刚躺下不久，就听得禅房外一片木鱼声响，吵得妇人不能安睡。

妇人又气的大吵。高僧来到门外问："你还生气吗？"

"半夜三更的敲什么木鱼，吵得我不能安息。"妇人说。

"你就当是你婆婆在唠叨而睡不着也就是了，你骂你婆婆就是，无需埋怨这些和尚。"高僧道。

"是你们吵我，为何要骂我婆婆？"妇人说。

"反正受折磨的是你，生谁的气不一样？"高僧说罢离开。

第二天清早，高僧一打开禅房，看到妇人静坐在蒲团之上，一脸宁静。见到高僧起身施礼道："大师，我明白了，其实丈夫和婆婆做错了事，那就是房内无饭，房外杂声。"

高僧听后笑道："你彻底领悟了。"

"房内无饭，房外杂声"是什么意思？那就是"不在意"，如果这位妇人能对丈夫和婆婆做的错事不在意，不把它放在心上，那又有什么烦恼可言呢？

所以，正如佛家所说："不是某人使我烦恼，而是我拿某人的言行来烦恼自己。"生活中之所以会出现痛苦，是因为我们在乎某些人、某些事，如果自己不在意，又怎么会痛苦呢？"事事在意"其实是我们拿别人的过错来惩罚自己，当我们拥有一个开阔的心胸，学会"不在意"时，就会发现人生是如此的缤纷、精彩，生活是如此的温馨、和谐，就会发现自己的人生进入了一个新的境界！

饶人福自来，瞒小祸自至

大度是化解冲突的最佳武器，大度能融化世上最冷酷的心，任何人在大度面前也会缴枪弃械。

生活中处处有矛盾，时时有纷争，如果遇到一点矛盾，双方就针尖对麦芒，互不容忍，这样只会激化矛盾，使事情向相反的方向发展甚至两败俱伤。如果用一种大度的心态来对待，容忍对方的过错，这样就可能重归于好。大度不仅仅会福泽他人，也会给自己带来心灵超脱的快乐。

古时，一座山上的寺庙里有一位住持，住持在庙里修行诵经多年，道行很高，平时为人善良，济贫救困，广结善缘，深受方圆百里百姓的尊敬和爱戴。

有一天，山下村中一少女因与心上人私恋而怀孕。这在当时是伤风败俗的事，少女的一家人都非常气愤，在责难少女的同时追问让其怀孕的人是谁，少女也不敢说出心上人的真实情况，家人就把少女绑在院子里的一棵树上拷问，恰巧住持从院子外的路上走过，被少女看见了，少女就违心地说是住持。于是，少女的家人抓住住持并把他打倒在地。住持知道了缘由，擦擦身上走了。孩子生下来后，家人就立即把孩子送到了住持那里，而且将住持臭骂了一通。住持还是没有申辩，接过了孩子。

从此，住持在百姓心目中的地位一落千丈，"伪善人"、"老色鬼"

的恶名远扬。他走到哪里，哪里的人都向他吐唾沫。最难过的是老住持为了不让孩子饿着，每天都得拖着行动不便的身体，抱着孩子走街串巷找吃的。就这样，一年过去了，两年过去了，三年过去了，到了第四年的时候，老住持可以领着孩子到村子里走了，见到自己活泼可爱的孩子，那位少女终于有一天良心发现，向家人说出了真相，孩子的父亲也站出来承担了责任。一家人觉得对不起住持，来到山上找到了住持，向住持赔不是。住持像当初接过孩子一样把孩子还给他们，还是什么也没说。当有人问住持，当初本来不是自己的错为什么却要去背那个黑锅呢。住持回答："世事总有定数，宽容他们，真相总会大白。"

从此，住持更加受人尊崇，在一百零二岁时圆寂，百姓还立了碑纪念他。

可见，住持用"额上跑马，肚里撑船"的度量包容了他人的诽谤，这样不仅赢得了别人的尊敬，也给自己的人生带来了快乐。就像那位违心的少女一样，当住持容忍她的陷害，不申辩、不抱怨，默默地为她抚养了四年的孩子时，她的灵魂觉醒了，勇敢地承担了自己的责任。试问，当住持看到自己的忍辱负重换来了一个人内心的醒悟时，他能不高兴吗?

世界因为容忍而和平，万物因为大度而快乐。纵观历史风云人物，无不具有"额上跑马，肚里撑船"的宽容大量，他们在容忍别人诽谤、挑衅、讽刺时，不仅没有与之计较，反而大度地包容了他们，由此给政坛留下了许多佳话。

美国前总统林肯竞选时，有个叫斯坦顿的劲敌想方设法在公众面前侮辱他，用最难听的话攻击林肯的外表，甚至故意让他陷入窘困。但出人意料的是，当林肯获选为美国总统时，须找一位参谋总长为他出谋划策时，他不选别人，却选了斯坦顿。消息传出，一片哗然。别人问他："你忘了斯坦顿当年是怎么诽谤你的吗？"林肯说："我知道他从前对我的批评，但为了国家前途，我认为他最适合这个职务。"果然，斯坦顿没有让林肯失望，他为林肯执政做了很多贡献。

英国首相丘吉尔是一位深受民众拥护和爱戴的领袖，他在执政期间为人民做了很多事，但也不乏不到之处，他的一些做法损害了少部分人的利益，受到了别人的攻击。有一次，在一个重要会议上，有一位女士对丘吉尔不留情面地破口大骂："如果我是你太太，我一定会在你的咖啡里下毒！"会议上的气氛立刻紧张起来，与会人员都紧张地望着丘吉尔，心想他一定会大发雷霆，惩处这狂妄的女人，但是丘吉尔却微笑着回答说："如果你是我太太，我一定将此咖啡一饮而尽。"此语一出，会议上的紧张气氛缓解了，那位女士也羞愧地低下了头。

一位叫康农的美国议员来自乡村，在他初上任时的会议上，另一位代表嘲笑他说："这位从伊利诺伊州来的先生口袋里恐怕还装着燕麦呢！"这句话是讽刺康农还没有摆脱农夫的气息，此话一出，会场立即哄笑起来。虽然这种嘲笑使自己非常难堪，但康农并没有恼羞成怒，而是很好地控制了自己的情绪，他从容不迫地答道："我不仅在口袋里装有燕麦，而且头发里还藏着草屑。可是我们的燕麦和草屑，却能生长出最好的苗来。"一场故意的挑衅就这样被巧妙化解了，人们不由得为康农暗暗喝彩。

是的，这个世界上，上至国家总统，下至普通百姓，谁人不会受到别人的非难呢？如果我们在面对别人的非难时，都针锋相对，有仇必报，那这个世界上还会有快乐吗？待人包容，不仅使指责我们的人达不到预期的目的，而且还向世人彰显了自己的大度，何乐而不为呢？正如宋代怀深和尚诗中所写："饶人福自来，瞒小祸自至。"是呀，一笑解恩仇，一怒惹灾祸。大度，不是软弱无能，而是一种智慧，一种雅量，是启迪感化对方、引导对方自己改变的过程。如果我们都能大度处世，那这个世界上就会少许多纠纷，多许多快乐。

宽容比批评更有力量

没有十全十美的人，人们犯一点错误是很正常的，如果我们非要较真，不懂得用宽容之心体谅别人，那么生命就会被无休无止的怨恨所支配。

生活中常常见到这样一种现象：镜子很平，但是一旦放到高倍显微镜下，就变成了凹凸不平的了；有些食物洗得再干净，如果拿到放大镜下一看，满目都是细菌。这说明了什么——做人不能太较真。如果非要认死理，就会对什么也看不惯。

所以要做一个快乐的人，就要学会用宽容之心对待身边的一切，该糊涂时就糊涂，该粗心时就粗心，该忘却的就忘却，该放行的就放行，过去的事就让它过去，没必要非要查个水落石出。锱铢必较的结果只会让别人和自己都痛苦不堪，有时对于生活中一些无关紧要的小事，睁一只眼闭一只眼也未尝不可。

一天晚上，一位老禅师在寺院里散步，忽然发现通往院外的院墙边有一张椅子，他知道，有和尚违犯寺规，翻墙溜出去玩了。

老禅师走到墙角边，搬开椅子，就地蹲在那里。不一会儿，有一位小和尚翻墙进来，他以为给他搭脚的还是椅子，于是，在黑暗中踩着老禅师翻进了院子。

小和尚翻进来后才发现，自己原来踩的是老禅师，不是椅子。小和尚顿时慌了神，呆呆地立在那里，心想："这下完了，按照寺规，一定要被禅师杖责了。"但是，出乎意料的是，老禅师并没有责备他，反而对他说："天很凉，快回去多穿点衣服吧。"

老禅师宽恕了小和尚，因为他清楚，小和尚已经知错了，就没有必要再责罚他了。后来老禅师也没有再提这件事。不久寺院里的所有弟子都知道了这件事，但再也没有人在夜里翻墙出去玩耍了。

老禅师常对弟子们说，学着宽容，是人生最重要的修行；不仅出家人需要这份修行，身在尘世的人也需要这份修行。为此，禅师时时注重宽以待人。

可见，宽容比批评更有力量。自古成大事的人，一定是一个心胸开阔的人，他能坦然面对别人的轻视、包容别人的缺点和错误，用一颗宽容体谅之心赢得别人发自内心的尊敬。

年轻的洛克菲勒空闲的时间很少，所以他总是将一个可以收缩的运动器——就是一种手拉的弹簧，可以闲时挂在墙上用手拉扯的——放在随身的袋子里。有一天，他到自己的一个分行里去，这里的人都不认识他。他说要见经理。

有一个神色傲慢的职员见了这个衣着随便的年轻人，便回答说：“经理很忙。”

洛克菲勒便说：“没关系，我可以等一等。”当时客厅里没有别人，他看见墙上有一个适当的钩子，便把那运动器拿出来，很起劲地拉着。弹簧的声音打搅了那个职员，于是那个职员气愤地瞪着他，冲着他大声吼道：“喂，你以为这里是什么地方啊，这里不是健身房。赶快把东西收起来，否则就出去。懂了吗？”

“好，那我就收起来。”洛克菲勒和颜悦色地回答着。十分钟后，经理来了，很客气地请他进去坐。

过了一会儿，经理出来了，职员在一旁看见经理毕恭毕敬的态度，才知道眼前的这个人是谁，那个职员觉得他在这里的前程肯定断送了。洛克菲勒临走的时候，还客气地和他点了点头，而他则是一副不知所措的惶恐样子。他觉得在这个周末的时候，他一定会被辞回家。

但事实上，什么情况也没有发生。洛克菲勒并没有把这件事放在心上。可见，宽大的胸襟不是任何人都有的。比如那个职员就没有，所以他只能做小职员。

面对小职员的傲慢和无礼，洛克菲勒选择的是宽容，他包容了小职员的缺点，从而赢得了他发自内心的尊敬，这种方式获得的快乐难道不比那种表面的毕恭毕敬所得到的快乐强十倍吗？所以说，智者容人。越是睿智的人，他的胸怀越是宽广。泰山不让土壤，故能成其大；河海不择细流，故能成其深。容忍别人的缺点既是对别人的尊重，同时，也将赢得别人对自己的尊重。

当然，宽容别人是一种快乐，宽容自己更是一种快乐，正如英国戏剧作家莎士比亚所说的那样：“聪明的人永远不会坐在那里为他们的损失而悲伤，却会很高兴地去找出办法来弥补他们的创伤。”我们不能对自己太苛责，那样会使自己陷入颓废，以至于不能自拔。多给自己一点宽容，就会多一份战胜困难的信心。

| 第05辑 |

换个角度看苦难，人生没有什么不可以

在很多人看来，苦难是人生的绊脚石，是失败的根源，所以人们惧怕苦难。但是，换个角度看苦难，把苦难看成是对自己的磨炼，这样，苦难就会成为自己的正能量，成为成功的垫脚石。有时候，只要转变一个观念，最糟糕的事也会变成最好的事。

未经十灾八难，终难成人

因为经历了人生的挫折和苦难，才能够更深刻地体味幸福。阳光总在风雨后，只有经历了风雨，才知道阳光的可贵。

苦难是事业成功的助力，要想成大事，没有经历大灾大难的精神准备是很难成功的。所以，我们不妨换一种想法：如果一个人从未经受过任何灾难，平平安安地度过人生几十年，而且一切也都不错，我们只能说，这是个有福之人。但是，要想体会事业上的成功，就必须跳出目前的“糖罐子”，因为一个什么都不错的环境是不可能造就非凡的成功的。

古语讲：福则伤财。只有曾经沧海的人，才可能理解这句话的真正含义。这是一句广义上的生活真理：一个沉浸在幸福环境中的人，不可能放弃自己的优越条件去挣辛苦钱，也不可能有打破现状的魄力。幸福是一种精神鸦片，它让许多本该奋起的人放弃了努力，让许多完全可以成功的人走向了事业的失败。因为它有个令人无法抗拒的理由：我很幸福，所以我应该满足了！在幸福这只糖罐子里长久浸泡的人，一般都患有软骨症，无力采取改变现状的行动，也经不起失败的打击。幸福的爱情只有在它成为事业的动力时才应该算是幸福。否则，当我们把幸福的爱情当成人生惟一的目标而彻底满足时，事业面前，我们就变成了懒惰虫。

幸福对老年人才是最重要的，也是他们追求的目标。因为事业和成功对于他们来说已成为过去。年轻人一味地追求幸福或就此沉浸于幸福之中不思进取，这无疑是一种玩物丧志的行为。幸福的人生是最完美的人生，但它是来之不易的。只有年轻时不懈努力，为争取长久的幸福赢得资格，才能够成就自己完美的人生。糖对于现代人来说，几乎成了一种毒药，它是很多疾病的根源：糖尿病、肥胖症、蛀牙等。

成功的道路从来都是曲折坎坷，如果想绕过去，就没法尝到胜利的甜美滋味。不能给自己退路，如果遇到挫折就退回到自己安逸的环境中去，那遭遇困境时的凭借就会成为人生的最后依托。"置之死地而后生"就是这样的意思。

即使不懈努力，同样难以避免失败的打击。

看看以下几位名人成功之前的失败记录吧：

林肯，从22岁到51岁当选总统连续遭受重大失败13次。

史泰龙，在成为巨星前，求职、写剧本，共遭遇1500次嘲讽，1800次拒绝。

约翰·克里西（英国著名作家），成名之前共收退稿笺743份。

爱迪生，在电灯发明成功之前做过约1万余次试验。

多梅尔（法国马赛的一位警官），为了缉凶，行程近2万里，查阅了高十几米的资料，打了几十万次电话，坚持了52年而破案。

……

事实证明：只要具有试1万次而不气馁的恒心，就能够点石成金。自认为是条龙的人，在生活中决不会以一条虫的标准来要求自己。

沙莉·拉斐尔现在是美国一家自办电视台的节目主持人，曾经两度获得主持人大奖。每天有800万观众收看她主持的节目。在美国的传媒界，她就是一座金矿，她无论到哪家电视台、电台，都会给单位带来巨额的回报。

然而她在职业生涯中遭遇了18次辞退，她的主持风格曾经被人贬得一钱不值，在第19次爬起来之后她终于成名。

最早的时候，她想到美国大陆无线电台工作。但是，电台负责人认为她是一个女性，不能吸引听众，理所当然地拒绝了她。

她来到波多黎各，希望自己能有好运气。但是她不懂西班牙语，为了熟练语言，她花了3年时间。然而，在波多黎各的日子里，她最重要的一次采访，是一家通讯社委托她到多米尼加共和国去采访暴乱，连差旅费也是自己出的。

在以后的几年里，她不停地工作，不停地被人辞退，有些电台指责她根本不懂什么叫主持。

1981年，她来到纽约的一家电台，但是很快被告知：她跟不上这个时代。这太令人绝望了，她简直痛不欲生。她几乎被彻底摧毁了。为此，她失业了一年多。

有一次，她向一位国家广播公司的员工推销她的清谈节目策略计划，得到他的肯定。然而不幸的是，那个人后来离开了广播公司。她再向另一位职员推销她的策划，这位职员对此却不感兴趣。她找到第三位职员，请求被雇佣。此人虽然说同意了，但却不同意她搞清谈节目，而是让她搞一个政治类节目。

她对政治一窍不通，但为了生活，她不想失去这个工作，她开始发奋补习政治知识。

1982年的夏天，她的政治内容节目开播了。她娴熟的主持技巧和平易近人的风格，使得许多听众打进电话来讨论国家政治行动，包括总统大选。

这在美国的电台历史上是没有先例的。

她几乎是一夜成名，她的节目成为全美最受欢迎的政治节目。

因此，我们不妨换一种观念：挫折会激发起人奋进的力量，幸福安逸有时候是一种温柔的羁绊，成功的道路上，我们宁可选择灾难，因为灾难过后是春天。

把挫折当成自己最好的情人

和苦难谈恋爱，把苦难当成自己的情人，在生活的熔炉中发现这个情人的价值，让她成为自己奋斗的动力，那么成功指日可待！

爱情是人类永恒的主题，没有爱情的人生，不能称之为人生。爱是一种感受，痛苦与幸福同在；爱是一种体会，心碎与甜蜜共存；爱是一种经历，有一种破碎的美丽。千万别因为寂寞而错爱，不要因为错爱而寂寞一生。或许，只有在距离最远的时候，才会把曾经走过的那段日子看得最真切、最清楚。

我们不妨换一种想法：和苦难谈恋爱，把苦难当成自己的情人，在远离苦难时，才能把那段日子看得最真切最清楚，那段痛苦的日子也会觉得幸福。其实人生就是无数的选择，无论选择的对错，都会有开心和难过。更多的时候是我们如何看待选择，如何面对得失。

选择与苦难谈恋爱，爱上苦难，爱上苦难给自己带来的伤痛并占胜它，苦难就将成为我们成长和成功最大的动力。

帕格尼尼，世界超级小提琴家。他是一位在苦难的琴弦下把生命之歌演奏到极致的人。

4岁时一场麻疹和强直性昏厥症让他险些就此躺进棺材。7岁患上严重肺炎，只得大量放血治疗。46岁因牙床长满脓疮，拔掉了大部分牙齿。其后又染上了可怕的眼疾。50岁后，关节炎、喉结核、肠道炎等疾病折磨着他的身体与心灵。后来声带也坏了。他仅活到57岁，就口吐鲜血而亡。

身体的创伤不仅仅是他苦难的全部。他从13岁起，就在世界各地过着流浪的生活。他曾一度将自己禁闭，每天疯狂地练琴，几乎忘记了饥饿和死亡。

像这样的一个人，这样一个悲惨的生命，却在琴弦上奏出了最美妙的音符。3岁学琴，12岁首场个人音乐会。他令无数人陶醉，令无数人疯狂！

乐评家称他是“操琴弓的魔术师”。歌德评价他：“在琴弦上展现了火一样的灵魂。”李斯特大喊：“天哪，在这四根琴弦中包含着多少苦难、痛苦与受到残害的生灵啊！”苦难净化心灵，悲剧使人崇高。也许上帝成就天才的方式，就是让他在苦难这所大学中进修。

也正是这一生的苦难，赋予了帕格尼尼无穷的创造力，让他的琴声魔力无穷，甚至他的琴弦也被说成是用情妇的肠子做的。他对苦难的热爱，就像对情人的热爱一样浓厚而激烈！这种爱，只有深入其中，用心去感受，才能获得奋斗的力量。

把苦难当成自己的情人，梦想才会有发芽的土壤，情感的天空就会阳光灿烂，相思的夜晚月朗星明，美丽的心灵纯洁透亮。而人生会因苦难的存在而多姿多彩，生活才会时刻充满甜美的微笑。

生活永远不会因为苦难而失去色彩，人生也不会因为有苦难的存在而停步不前，穷人要学会和苦难谈恋爱，而拥有亿万家财的富豪也该创造机会和苦难谈恋爱。“富不过三代”，这并不是一种迷信，如果一个家庭没有一种苦难精神，那么再庞大的家财，也会在有限的时间内耗尽。世界上越是富有的家庭，对孩子的苦难教育就越要重视，只有让孩子有吃苦耐劳的精神，懂得钱财的来之不尽，才能减少产生败家子的可能性。

李泽楷应该说是含着“金汤匙”长大的，但是拥有巨富的李嘉诚毫不娇惯他，从小就让他接受苦难教育，并用生活的道理教导他。

李泽楷读小学的时候，有一回老师布置的作业他没有完成，于是没有交作业。当老师问他为什么不交作业的时候，他骄傲地说：“我为什么要写作业？为什么要给你做作业？”作为香港最好的圣保罗小学的班主任，他当着同学的面惩罚了这个调皮的学生。

这让李泽楷非常难过，仿佛受到了奇耻大辱，连续几天不愿去上学，也不愿说话。在妈妈几次三番的安慰下，他才说出是因为老师当着全班同学的面批评了他，让他觉得很没面子。

李嘉诚问小泽楷，老师为什么会批评他，泽楷很无辜地说：“就因为我没交作业，他就在全班同学面前批评我，我不愿意去学校了，我怕同学会笑我！”

李嘉诚语重心长地说：“老师批评你，是因为你做错了，只要你改正了，老师还会喜欢你，如果因为老师批评了你几句，怕同学嘲笑，你就觉得受不了不去上学，同学们更会笑话你！”

小泽楷若有所思地问李嘉诚：“爸爸，那我现在应该怎么办？”

李嘉诚没有回答他的话，带着李泽楷去看路边报摊小女孩边卖报纸边温习功课，然后抚着若有所思的泽楷的头，微笑地问：“现在知道怎么做了吗？”

小泽楷点点头：“我应该把作业都做完，然后去跟老师道歉，并保证以后一定按时交作业。以后再碰到困难我知道怎么解决了，要和困难做朋友，我才会长大！”

我们大家都知道，温室里的幼苗不可能茁壮成长，苦难才是他们最好的教育。李泽楷正是在那次以后，才开始慢慢地爱上挫折，懂得了只有面对挫折才能成长。虽然李泽楷拥有一个香港首富的父亲，但他只是凭着自己的双手，在短短的十年间，白手起家，自立门户地直追父亲李嘉诚，成为香港第二巨富的“小超人”。

爱情是人世永恒的主题，把苦难当成自己的情人，和苦难谈恋爱，才能无论什么时候都保持乐观，以积极的心态去面对大小的苦难。如果一个人连苦难都不怕了，那还有什么理由不成功？

伤疤，磨砺我们伴着我们成长

在我们的成长过程当中，痛其实也是一种人生经历，只有痛过以后才知道幸福的真相，唯有经历了磨难才能破茧成蝶。

我们都曾暗暗许愿：希望人生之路能够坦荡无阻，希望得到细心体贴的关怀，希望一切烦恼和痛苦都远离我们。然而，我们的愿望没有被满足，我们仍然在红尘中挣扎，生命中那些源于心灵的痛苦时时折磨着我们，让我们不愿意面对，却又无法逃避。

我们不妨换一种想法：伤口并不可怕，可怕的是自己纠结的心，迟迟不肯让它愈合。在我们的内心深处，那些痛苦经历如影随形，让我们仿佛看到自己的身体被划开一道长长的伤口，那些丑陋的伤口是我们的耻辱，我们只是感受到疼痛，只是感到绝望，却不曾想到，我们的身体还有自动复合的能力，伤口总有愈合的时候，而且当它愈合之后，直觉将会告诉我们，下一次该如何绕开同样的错误，避免产生同样的痛苦。

生活中，无论是位高权重的成功人士，还是蝇营狗苟的贩夫走卒，天真无邪的蓬头稚子，或是学贯中西的饱学之士，都无法回避生命中那些让自己深恶痛绝或是焦头烂额的事件，我们将要面对的一切屈辱和不甘，不能重来，对此，有人倍感折磨，有人却能淡然处之。

如果追究这一现象的真相，将会发现道理其实再简单不过，关键就是，我们用何种眼光看待这个世界，如果愤怒不满甚至试图掩饰，痛苦将会加倍困扰我们，如果接受事实坚定信仰，希望就会在下一个路口等待我们。

有一个人由于生意失败，从一个一掷千金的大商人，变成一个家徒四壁的穷光蛋。在经历了破产的遭遇后，他深切体会到生活的冷酷无情，他心灰意冷，萌生了结束生命的想法。

商人回到了承载着他童年美好时光的乡间小镇，也许这里才是离上帝最近的地方，他很想质问上帝，为何偏偏选中他来承受命运的作弄？

在回家的途中，他经过一片瓜地，于是就在旁边小憩片刻。此时正是丰收的时节，空气里充盈着香甜的味道。好客的瓜农看到风尘仆仆的商人，豪爽地请他品尝地里的瓜。

瓜农开始喋喋不休地对商人讲述，前几年收成如何不好，总是遇到天灾虫祸，甚至突如其来的一场霜冻，让即将收获的成果毁于一旦，一年的辛勤劳作全都白费了。

商人感到有些意外，他脱口而出："收成不好你怎么活下去，赚不到钱耕种还有什么意义呢？"

憨厚的果农咧嘴一笑："再怎么艰难不都这样挺过来了，你看，至少今年不是丰收了么，而且正是之前的歉收，才让这次丰收显得更有意义。"果农看着这个心事重重的商人，意味深长地继续说道，"所有的经历都是有意义的，只要你没有放弃继续依靠自己的双手。"

一席话似一阵风吹走了商人心头的灰尘，让他顿时醍醐灌顶。商人即刻返回城里，决定重新来过，5年后他的公司获得了极大的成功，他也成了行业内呼风唤雨的人物。

在我们的一生之中，总会遇到一些不愿去面对的事情，给我们带来身心疲惫的感受，让我们像受伤的小袋鼠一样，想要逃回母亲温暖的口袋里。然而，能否在种种折磨和煎熬中挺过来，坚持原本的目标和理想，却是我们迈向成功人生的重要一步。

著名的哲学家尼采曾说过："极度的痛苦才是精神的最后解放者，唯有此种痛苦，才强迫我们大彻大悟。"面对生活中种种苦难的鞭策，面对那些让我们痛不欲生的经历，如果就此放弃了，那么，失败者的头衔将和我们如影随形，而如果能够从心灵的痛苦中解脱出来，主动承受各种折磨，认真审视痛苦的根源，那么，我们将知道自己究竟有多强大。

法国著名化学家维克多·格林尼亚年轻的时候，耽于玩乐，曾在一次宴会上遇见一个让他一见倾心的美丽姑娘，当他走过去跟这个心仪的女孩搭讪的时候，却被高傲的姑娘冷漠地拒绝："先生，请你站远一点，我最讨厌被花花公子挡住视线了。"

格林尼亚感到羞愧不止，这似乎成了他人生中的奇耻大辱，但姑娘说的没错，那个时候的他，就是一个名副其实的花花公子，只是从来未曾有人如此轻慢他而已。

就此，格林尼亚离开了家乡，独自一人到巴黎求学，他时刻牢记姑娘的讽刺，发誓摆脱花花公子的形象，他付出常人无法想象的努力刻苦学习，最终获得了1912年的诺贝尔化学奖，成为一个闻名世界的著名化学家。

可见，生活中有些挫折在所难免，每一个人都要独自处理自己的伤口，没有人会守在我们的身边随时准备为我们疗伤。对此，我们必须有清醒的认知，接受苦难的洗礼，并且做好独自承担的准备，为更美好、更丰富的人生积蓄能量。

塞涅卡也曾说过："没有谁比从未遇到过不幸的人更加不幸，因为他从未有机会检验自己的能力。"我们的人生不可能像茶杯里的水一样波澜不惊，若是这样的人生也未免太过单调无趣。我们总是在得到与失去的交替中，在渴求与放弃的转变间，经历着痛苦，同时也感受着快乐。

贝斯是一个父母早逝的孤儿，虽然吃了很多的苦，但他依然保持着乐观的天性，当他好不容易凭借努力拥有了一家自己的杂货店的时候，却由于遭受盗贼的光顾而使自己面临破产的威胁，他像一头愤怒的公牛，言辞激烈地质问上帝，为何不留条活路给他。

上帝微笑地回应他："难道你想自杀吗？"

贝斯愤怒地回答："我不会自杀的，已经没什么能让我感到害怕，你休想让我结束生命。"

上帝仍然保持着微笑："那你比他幸运多了。"上帝让贝斯看到地狱里正在受苦的另外一个人，"他一生幸运，但当他遇到你现在遇到的状况时，自杀了。"

事实上也是如此，要知道，在人生当中正是这些经历，这些感受，丰富了我们的人生，而且让我们的性格趋于完善，在成长的过程中，让我们学会了发现，懂得了珍惜，对于那些在心中化解不开的结，对于那些让我们承受痛苦的人，淡淡一笑，学会欣赏，学会包容。只有洒脱地转过身，才能发现新的风景。

吃苦未尝不是一件好事

吃苦不算什么的，很多人愿意也乐意接受，因为一个人只有在吃苦的环境中才会得到锻炼，从吃苦中获得收获。

人们都喜欢追求物质的享受，不希望自己吃苦。所以，生活是越方便越好，越轻松越好。其实，我们应该换一种观念：吃苦未尝不是一件好事。

弘一大师曾经对别人说过这样一段话："若诸位有空，可以到我房间里来看看，我的棉被面子，还是出家以前所用的；还有一把洋伞，也是1911年买的。这些东西，即使有破烂的地方，请人用针线缝缝，仍旧同新的一样了，简直可尽我受用着哩！不过，我所穿的小衫裤和罗汉草鞋一类的东西，却须五六年一换，除此以外，一切衣物，大都是在家的时候或是初出家时制的。"

弘一法师的生活十分俭朴，他把物质享受放到了最不重要的位置上，可见，大师并没有把生活的苦放在心上。所以，我们不妨换一种想法：苦的生活对人来说是一种磨炼，是锻炼一个人意志品质的一个重要方式，同样也是培养人们具有远大的人生志向和浩然正气的途径。能够忍受住苦难生活的磨练，在人生道路上遇到任何艰难险阻都不会害怕了。历史上不乏利用苦难来磨砺自己的例子。

明朝的宋濂颇得明太祖朱元璋的器重，被人认为是明朝开国大臣之中的佼佼者。

宋濂年幼的时候，家境十分贫苦，但他苦学不辍。他自己在《送东阳马生序》中写道："余幼时即嗜学。家贫，无从致书以观，每假借于藏书之家，手自笔录，计日以还。"正是这样他才得到了丰富的学识。

有一次天气特别寒冷，冰天雪地，北风狂吼，以至于砚台里的墨都冻成了冰，家里穷，哪里有火来取暖？宋濂手指冻得无法屈伸，但仍然苦学不敢有所松懈，借来的书坚持要抄好送回去。

到了20岁，宋濂成年了，就更加渴慕圣贤之道，于是一个人背着书箱，拖着鞋子，从家里出来，走在深山老林之中，寒冬的大风，吹得他东倒西歪，数尺深的大雪，把脚上的皮肤都冻裂了，鲜血直流，他也没有知觉。等到了学馆，人几乎冻死，四肢僵硬得不能动弹，学馆中的仆人拿着热水把他全身慢慢地擦热，用被子盖好，很长时间以后，他才有了知觉，暖和过来。

为了求学，宋濂住在旅馆之中，一天只吃两顿饭，什么新鲜的菜、美味的鱼肉都没有，生活十分艰辛。和他一起学习的同学们一个个华服奇丽。但是宋濂不以为那是什么快乐，丝毫也没有羡慕他们，而是穿着自己朴素无华的衣服，不以为低人一等，不卑不亢，照样刻苦学习，因为学问中有许多足以让他快乐的东西，那就是知识。他根本没有把吃的不如人，住的不如人，穿的不如人这种表面上的苦当回事。正是宋濂能忍受穷苦，自得其乐，才能成就一番事业。

吃得苦中苦，方为人上人。在现实生活中，没有人看到怕吃苦的人会成功，遇到一点困难就叫苦连天的人是不会有出息的。苦与甜是相对的，它们之间有着必然的联系。只有先吃苦，或者能够吃得下来苦的人，方能享受到人生的香甜。

有一个人乘船渡江时，看到浩浩荡荡的江水，气势磅礴，非常欣赏。可是不久，狂风刮来，惊涛骇浪，动天撼地，一叶小舟起伏不定，让人害怕。他吓得嘴张得很大，再也没有心思来欣赏江上的美景。风过后，又是一片宁静美丽的风光。他静下心来，想起自己刚才的恐惧，又看看摇船者若无其事的样子。便问："你不怕这么大的波浪吗？""怕什么，不就是水嘛！"

无论是波涛，还是静水，它们都是水啊！快乐或痛苦都是生活。被外在东西所迷惑，就发现不了生活的真谛。能建立起大功德的人，往往都是从逆境中崛起的。人之所以能成功，乃至建功立业，是需要一番磨练的。

迎接逆境和挫折，懦夫变强人

如果想成为一个成功的人，在苦难和压力面前，要知道怯懦是没有用的。只有不畏惧挫折和失败，不怕别人讥笑，坚持不懈，才可以不断体验到成功的快乐和奋斗的乐趣。

著名的哲学家伊曼努尔·康德说过："恐惧是对危险的自然厌恶，它是人类生活中不可避免的和无法放弃的组成部分。"那么，当我们的敌人太过强大而让我们心生畏惧时，该怎么办呢？

一般，在恐惧的情绪下和对方全力比拼，就算侥幸胜利了，也是两败俱伤。有经验的人告诉我们，不管眼前的敌人多么强悍威猛，只要适时激发信心，就能轻而易举地战胜他。

宋朝建立初期，宋太祖赵匡胤意欲吞并南唐。但镇海节度使林仁肇有勇有谋，他刺探到太祖在荆南制造了几千艘战舰，便向李后主奏禀，宋太祖的目的是图谋江南。南唐爱国人士获知此事后，也纷纷向李后主奏请，要求前往荆南秘密焚毁战舰，破坏宋朝南犯的计划。可李后主却胆小怕事，不敢准奏，以致失去防御的最后良机。

后来，南唐国灭，李后主沦为阶下囚，其妻小周后常常被召进宋宫，侍奉宋皇。对于这一切，李煜忍气吞声，把哀愁、痛苦、耻辱往肚里咽。实在憋不住时，就写些诗词聊以情怀。

李煜虽然在诗词上极有造诣，然而作为一个国君和一个丈夫，他是一个懦夫，是一个失败者。

在生活中，恐惧心理其实没有人能够完全摆脱，即使是那些看似最幸运的人有时也不免有懦弱胆小、畏惧不前的心理状态。但如果使它成为一种习惯，它就会成为情绪上的一种疾弊，它使人过于谨慎、小心翼翼、多虑、犹豫不决，在心中还没有确定目标之时，已含有恐惧的意味，在稍有挫折时便退缩不前，因而影响自我设计目标的完成。

怯懦者害怕面对冲突，害怕别人不高兴，害怕丢面子。所以在择业时，因怯懦他们常常退避三舍，缩手缩脚，不敢自荐。在用人单位面前他们唯唯诺诺，不是语无伦次，就是面红耳赤、张口结舌。他们谨小慎微，生怕说错话，害怕回答不好问题而影响自己在用人单位代表心目中的形象。在公平的竞争机遇面前，由于怯懦，他们常常不能充分发挥自己的才能，以至败下阵来，错失良机，于是产生悲观失望的情绪，导致自我评价和自信心的下降。

美国最伟大的推销员弗兰克说：“如果你是懦夫，那你就是自己最大的敌人；如果你是勇士，那你就是自己最好的朋友。”对于胆怯而又犹豫不决的人来说，一切都是不可能的，正如采集珍珠的人如果被海中的鲸鱼吓住，就得不到名贵的珍珠。事实上，总是担惊受怕的人，就不是一个自由的人，他总是会被各种各样的恐惧、忧虑包围着，看不到前面的路，更看不到前方的风景。正如法国著名的文学家蒙田所说：“谁害怕受苦，谁就已经因为害怕而在受苦了。”懦夫怕死，但其实他早已经不再活着了。

怯懦者总是不敢大胆地去做一些事情，逐渐形成低估自己的能力、夸大自己的弱点的习惯，再没有信心去处理本来能够处理好的事情。即使他们很有潜力可挖。另外，由于怯懦使得遇事顾虑重重，精神压力很大，长此以往，可能引起焦虑、恐惧、神经衰弱等身心疾病。怯懦性格者的最大弱点是过于畏惧和害怕，要克服这一弱点，就要借助气势的激励。对性格怯懦的人来说，要学会用自我打气、自我鼓励、自我暗示等方法来培养自己无所畏惧的气势。要善于发现和肯定自己的长处与成绩，提高对自我的评价和信心。在生活中有许多事情可以锻炼我们的意志。比如说制定了终身学习计划，就一定要坚持执行，刚开始时很困难，只要咬紧牙关，慢慢深入下去以后，就会发现，其实事情并不像自己想象的那样艰难。只要成功了几次，就一定会增强勇气和自信心的。

生活中，许多人之所以怯懦，无非就是怕失败。但越怕就越不敢行动，越不敢行动就又越怕，一旦陷入这种恶性循环之中，怯懦不免就加深了。其实，越是感到怯懦的事越就要大胆去做，只要能大胆去做，最终反而能够战胜自己的怯懦。

人身上的潜能是无穷无尽的，为什么绝大部分却处于休眠状态呢？主要是受心理上无形障碍的影响。如果想充分发挥自己身上的潜能，想知道自己到底能胜任什么事，那就从现在开始，把自己身上的无形障碍，也就是自己害怕的事情一项项排队，写在日记里，由易到难做个跨越计划。然后从第一件害怕做的事情做起，直到不惧怕为止。这样每完成一项，自己就跨越一个心理障碍，解去一根捆绑自己心灵的绳索，消除一次“我从未做过”的念头，擦去一个“我不敢做”的想法。

只要我们不屈，苦难就会化为“礼物”

一个人的尊严之处，就是不轻易被苦难压倒，不轻易因苦难放弃希望，不轻易让苦难占据自己蓬勃向上的心灵。

苦难可以激发生机，也可以扼杀生机；可以磨炼意志，也可以摧垮意志；可以启迪智慧，也可以蒙蔽智慧；可以高扬人格，也可以贬低人格。

这完全取决于每个人本身。

海顿出生于奥地利南方边境风景秀丽的罗劳村，海顿的音乐天赋在他童年时就已显露出来，加之天生的一副好嗓子，8岁时就被选进多瑙河畔著名的海茵堡教堂和维也纳的圣斯蒂芬教堂唱诗班。在那里，他如鱼得水一般刻苦学习声乐、钢琴与音乐理论，从不放过每一次观摩学习的机会。

可是从16岁开始，他甜美的歌喉开始逐渐沙哑。有一次奥地利女皇在欣赏圣斯蒂芬教堂唱诗班合唱时，突然听到合唱队里传出不协调的声音，女皇当场讽刺他："你的声音听起来好像树梢上的乌鸦叫！"就因为女皇的这句话，海顿被唱诗班解雇，流落街头。

流落街头的海顿，先后给贵族当过仆人，看过大门，当过邮差，擦过皮鞋……但是穷困的生活并未使海顿对音乐失去信心，而是珍惜这段难忘的经历，忘我地投入到各种街头演奏、家庭重奏音乐会中，更加频繁地接触维也纳的音乐，孜孜不倦地埋头创作。

海顿的身材十分矮小，走在大街上，常常使那些音乐迷们怀疑："这是否真是音乐大师海顿？"

音乐是没有国界、没有阶层的，海顿其貌不扬的外表下有着一颗十分善良、纯朴的心。一次，有位屠夫为庆贺女儿的婚礼，恳请海顿说："尊敬的大师，我最亲爱的女儿即将举行婚礼，能否请大师为婚礼写上一首美丽的舞曲？这将是我和女儿莫大的荣幸。"海顿果然在相约之日把完成的谱子交给了屠夫。

海顿一生创作的作品惊人，其中仅交响曲就多达104部。正是凭着那十几年的流浪生活，使他认识了人间的苦难，了解了平民的呼唤，参透了大自然最真实的声音。苦难中充满朝气，语言质朴乐曲流畅，后人尊称他为"交响乐之父"。

如果没有女皇的讽刺，海顿的一生将改写；如果海顿在流浪生活中，放弃了对梦想的追求，在苦难面前低下了头，那么世界上又将少了一位音乐家。

其实，很多时候，苦难并不可怕，可怕的是我们不敢正视它，不敢揭开苦难的面纱。真理和谬论往往就在一瞬之间，每个人都会碰到，只有自己才能真正地化苦难为动力。就像挨饿的时候，就算身边的人帮自己吃再多，自己也不可能饱！

苦难是一柄双刃剑，它能让强者更强，练就出色而几近完美的人格，但同时它也能够将弱者一剑削平，从此倒下。

曾有这样一个“倒霉蛋”，他是个农民，做过木匠，干过泥瓦工，收过破烂，卖过煤球，在感情上受过欺骗，还打过一场3年之久的官司。他曾经独自闯荡在一个又一个城市，做着各种各样的工作，居无定所，四处漂泊，生活上也没有任何保障。看起来仍然像一个农民，但是他与乡下的农民有些不同，他虽然也日出而作，但是不日落而息——他热爱文学，写下了许多清澈纯净的诗歌。每每读到他的诗歌，都让人为之感动，同时为之惊叹。

“你这么复杂的经历怎么会写出这么纯净的作品呢？”他的一个朋友这么问他，“有时候我读你的作品总有一种感觉，觉得只有初恋的人才能写得出。”

“那你认为我该写出什么样的作品呢？《乱世沧桑》吗？”他笑道。

“起码应当比这些作品更沉重和黯淡些。”

他笑了，说：“我是在农村长大的，农村家家都储粪种庄稼。小时候，每当碰到别人往地里送粪时，我都会掩鼻而过。那时我觉得很奇怪，这么臭、这么脏的东西，怎么就能使庄稼长得更壮实呢？后来，经历了这么多事，我却发现自己并没有学坏，也没有堕落，甚至连麻木也没有，就完全明白了粪便和庄稼的关系。

“粪便是脏臭的，如果你把它一直储在粪池里，它就会一直这么脏臭下去。但是一旦它遇到土地，它就和深厚的土地结合，就成了一种有益的肥料。对于一个人，苦难也是这样。如果把苦难只视为苦难，那它真的就只是苦难。但是如果你让它与你精神世界里最广阔的那片土地去结合，它就会成为一种宝贵的营养，让你在苦难中如凤凰涅槃，体会到特别的甘甜和美好。”

土地转化了粪便的性质，人的心灵则可以转化苦难的性质。在这转化中，每一场沧桑都成了他唇间的美酒，每一道沟坎都成了他诗句的源泉。

他文字里那些明亮的妩媚原来是那么深情、隽永，因为其间的一笔一画都是他踏破苦难的履痕。

苦难，在不屈的人面前，会化为一种礼物，一种人格上的成熟与伟岸，一种意志上的顽强和坚韧，一种对人生和生活的深刻认识。然而，对更多人来说，苦难是噩梦，是灾难，甚至是毁灭性的打击。其实，对于每一个人，苦难都可以成为礼物或是灾难。我们无须祈求上帝保佑，菩萨显灵，因为选择权就在我们自己手里。

不如意十之八九，胜固欣然败亦喜

不要幻想生活总是那么圆圆满满，也不要幻想在生活的四季中享受所有的春天，每个人的一生都注定要跋涉沟沟坎坎，品尝苦涩与无奈，经历挫折与失意。

宋朝的文学大师苏东坡有句诗“胜固欣然败亦喜”。我们在处世中也难免会遇到各种各样不如意的小事，所谓“世间不如意者，十之八九”，我们也应该用一种平和豁达、胜固欣然败亦喜的心态去对待事情。幸福的人只记得一生中满足之处，不幸的人只记得相反的内容。

三伏天，禅院的草地枯黄了一大片。“快撒点草种子吧！好难看哪！”小和尚说。

“等天凉，”师父挥挥手，“随时！”

中秋，师父买了一包草籽，叫小和尚去播种。

秋风起，草籽边撒边飘。“不好了！好多种子都被吹飞了。”小和尚喊。

“没关系，吹走的多半是空的，撒下去也发不了芽。”师父说，“随性！”

撒完种子，跟着就飞来几只小鸟啄食。“要命了！种子都被鸟吃了！”小和尚急得跳脚。

“没关系！种子多，吃不完！”师父说，“随遇！”

半夜一阵骤雨，第二天早晨小和尚冲进禅房：“师父！这下真完了！好多草籽被雨冲走了！”

“冲到哪儿，就在哪儿发芽！”师父说，“随缘！”

一个星期过去了，原本光秃的地面，居然长出许多青翠的草苗。一些原来没播种的角落，也泛出了绿意。

小和尚高兴得直拍手。

师父点头：“随喜！”

随不是跟随，是顺其自然，不怨愤、不躁进、不过度、不强求。随不是随便，是把握机缘，不悲观、不刻板、不慌乱、不忘形。

范仲淹说过：“不以物喜，不以己悲。”在漫漫旅途中，失意并不可怕，受挫也无需忧伤。只要心中的信念没有萎缩，只要自己的季节没有严冬，即使风凄霜冷，即使大雪纷飞。艰难险阻是人生对自己另一种形式的馈赠，坑坑洼洼也是对意志的磨砺和考验。落英在晚春凋零，来年又灿烂一片；黄叶在秋风中飘落，春天又焕发出勃勃生机。这何尝不是一种达观，一种洒脱，一份人生的成熟，一份人情的练达。

这种洒脱人生，不是玩世不恭，更不是自暴自弃，洒脱是一种思想上的轻装，洒脱是一种目光的超前。有洒脱才不会终日郁郁寡欢，有洒脱才不觉得人生活得太累。

懂得了这一点，我们才不至于对生活求全责备，才不会在受挫之后彷徨失意。

懂得了这一点，我们才能挺起刚劲的脊梁，披着温柔的阳光，找到充满希望的起点。

一个人的性格，往往在大胆中蕴涵了鲁莽，在谨慎中伴随着犹豫，在聪明中体现了狡猾，在固执中折映出坚强，羞怯会成为一种美好的温柔，暴躁会表现一种力量与激情，但无论如何，豁达，对于任何人，都会赋予他们一种完美的色彩。

要做到“胜因欣然败亦喜”，需要我们有一种乐观的生活态度。在日常生活中可能会碰到非常令人兴奋的事情，也同样会碰到令人消极的、悲观的坏事，这本来应属正常。如果我们的思维总是围着那些不如意的事情转动的话，也就相当于往下看，那么，终究会摔下去的。因此，如果我们要恢复信心，那么就应尽量做到脑海想的、眼睛看的以及口中说的都应该是光明的、乐观的、积极的话题，发扬往上看的精神才能在我们的事业中实现成功。

把每一次苦难看成是一种收获

遭遇苦难的折磨时，请不要立刻转身逃避。我们应该感谢苦难的光临，珍惜苦难，才能带给我们真正的收获。

实际上，不管天空是狂风骤雨，还是艳阳高照，都是最美丽的生活景致，也都值得我们好好地品味。可是，如果总是担心被大雨淋湿，害怕艳阳会晒黑了皮肤，那么就很难享受到生活的真正乐趣。

索姆夫妇俩一直渴望有个孩子，但是就是这样一个普通的愿望却整整折磨了他们十年，最终他们终于如愿以偿得到一个儿子。

面对着这个降临在他们身边的小天使，索姆夫妇想尽办法教导他，连走路的方式也清清楚楚地告知：“宝贝，走路时记得要看着地上啊！如果你走在木板上要专心看着脚底下，因为木板最容易让人滑倒。”

这是小天使在开始学习走路时爸爸的叮咛。乖巧的孩子也相当遵从爸爸的教导，只要走在木质地板上，他一定紧盯着脚下的步伐。

有一天，索姆一家人来到山间游玩，爸爸又开始教导：“在山路行走时，你还是要看着脚下，每一步都要相当小心，不然你会从山顶摔到山谷中；而下山坡时，你一样要看着脚下，否则一个闪神，你就会扭伤脚踝的，知道吗？”

“是的，爸爸！”小家伙点了点头说。

……就这样，小家伙在索姆夫妇温情而善意的啰嗦声中度过了十八年，索姆夫妇相继离开了他们的小宝贝儿。当年的襁褓婴儿，现在也已经长成了一个帅小伙，但这可怜的孩子从小就习惯听爸爸妈妈的引导与叮咛，如今他只能在过去的叮咛中继续生活；对于父母的话，他仍然相当遵从。

现在他仍认真执行父母的叮嘱，在木板上、在田野间、上山与下山时，他都用心地盯着脚下。即使来到沙滩，听见美丽的浪潮声，他也不会抬头看看，声音是从哪里来的。

不管走到哪里，他也总是低着头往前走。

确实，索姆夫妇的宝贝儿子从来没有跌倒过，也没有滑倒或碰伤过，一生几乎是毫发无伤的他，就这么“低着头”走完他的一生。

不过，在他临死前，他仍然不知道，原来天空是蓝色的，天上不仅有美丽的云彩，还有耀眼迷人的星星。此外，他也不知道自己所走过的每一个地方，风光是多么美丽。

可见，面对生活中的苦难，我们应该感激它，感激它赐予我们机会，让我们能够更深刻地领悟人生，发现自己的价值，认清自己的缺点，指正自己的方向。要知道，在这个世界上，每一个人都在经历着只属于自己的苦难，每一个人都恪守着自身独特的苦难历程，用自己的方式活着，守护着属于自己的命运。

世界上没有一条路是重复的，也没有一个人生是可以替代的。在追求梦想的道路上，任何一次苦难都是惟一的，它不会给人致命的打击，只会给人无穷的动力，要善于在苦难中找寻收获，在苦难中找到属于自己的方向，千万别让苦难战胜了自己！

在一次在聚会上，艾顿向他的朋友回忆起他的过去，朋友中有后来成为英国首相的丘吉尔。艾顿说他出生在一个偏远小镇，父母早逝，是姐姐帮他洗衣服、干家务，辛苦挣钱将他抚育成人。可是当姐姐出嫁后，姐夫便将他撵到舅舅家，舅妈很刻薄，在他读书时，规定每天只能吃一顿饭，还得收拾马厩和剪草坪。刚工作当学徒时，他根本租不起房子，有将近一年多时间是躲在郊外一处废旧的仓库里睡觉……

丘吉尔惊讶地问：“以前怎么没听你说过这些呢？”

艾顿笑道：“有什么好说的呢？正在受苦或正在摆脱受苦的人，是没有权利诉苦的。”

丘吉尔心头一颤，这位曾经在生活中失意，痛苦了很久的汽车商又说：“苦难变成财富是有条件的，这个条件就是，你战胜了苦难并远离苦难不再受苦。只有在这时，苦难才是你值得骄傲的一笔人生财富。”

艾顿的一席话，使丘吉尔重新修订了他“热爱苦难”的信条。他在自传中这样写道：苦难是财富，还是屈辱？当你战胜了苦难时，它就是你的财富；可当苦难战胜了你时，它就是你的屈辱。

任何人的一生都不可能是一帆风顺的，只有经得起苦难考验的人生才是有价值有意义的人生。在经受苦难的过程中，如果还没摆脱苦难的纠缠，请别说自己正在享受苦难，这在别人看来，无异于请求廉价的怜悯甚至乞讨，也别说正在苦难中锻炼坚韧的品质，别人只会觉得我们是在玩精神胜利、自我麻醉！

每一份苦难，都可以是一种收获，可如果无法战胜它，那么就永远没有权利说自己在苦难中收获了什么，这在别人眼里，只不过是我们在为自己面对困难时的逃避找的一个借口！善待苦难，正视苦难，只有拥有了承受苦难的意志，才有可能真正战胜苦难，享受苦难给自己带来的收获。

| 第06辑 |

用小舍换取人生大得，得失就是一个轮回

很多人因为“得不到”而苦恼：得不到成功，得不到幸福，得不到金钱……当得不到时，不妨试着舍去！因为很多时候有失才会有得，得失就是一个轮回，人总是活在得失之间。一个人不会“舍”的话，往往就很难得到什么。

看似是失去，其实是得福

唯有舍得，心境才会更加从容坦然；唯有舍得，生活才会轻松自在。

在人生的道路上，往往会有这样一种“规矩”：得到的似乎和失去的东西成正比。有时虽然想打破这个塞翁失马不知道是祸是福的规律，可似乎冥冥之中自有天定，有得就一定有失。在中国古代哲学家眼中，“福兮，祸之所倚；祸兮，福之所伏”。也就是说，得就是失，失也就是得。我们不妨换种想法：人生的最高境界，就是无得无失，无福无祸。这样，我们就不会为了任何事情感到有压力而徒增苦恼了。

人生的痛苦莫过于欲求过大，患得患失。要想摆脱欲望的压力的纠缠，聪明的做法就是要学会放弃，大度的舍得，既不能为了一点利益非要争个鱼死网破，你死我活，也不可苦苦守着手里的东西让它变成无用的废品。要懂得这样一个道理，放弃是种人生的境界，大弃大得，小弃小得，不弃就无所得。丢下手中的一颗种子，将收获整个森林。为什么舍这么让我们痛苦不堪呢，有时候我们拥有的东西才是给自己施加压力的祸首元凶！所以，不如学会放下，让自己轻松地面对生活！

有一个聪明的年轻人，很想在所有方面都比他身边的人强，他尤其想成为一名大学问家。可是，许多年过去了，他的学问并没有什么长进，他心里苦恼得很，于是就去向一位大师求教。

大师对他说：“我们爬山去吧，到了山顶你就知道应该如何去做了。”年轻人很高兴地答应了。他们来到山上，只见那山间有许多晶莹的小石头，漂亮极了，真是迷坏了青年。每次遇到他喜欢的石头，大师就让他装进袋子里背着，很快，他就吃不消了。“大师，再背这些石头，别说到山顶了，恐怕现在我连走也走不动了呀。”他满脸疑惑地望着大师。“是呀，那该怎么办呢？”大师微微一笑，“该放下了，不放下背着的石头怎么能登山呢。”

年轻人一愣，忽然觉得心中一亮，向大师道了谢走了。之后，他一门心思做学问，终于成了一名大学问家。其实，人要有所得必要有所失，只有学会放弃，才有可能登上人生的高峰。

人生在世，有许多东西是需要不断放弃的。这就需要我们练就一双火眼金睛，懂得果断地舍车保帅。正确的思考往往就蕴含于取舍之间，许多人往往为了一点点蝇头小利而将自己送入压力重重的万劫不复之地。

第二次世界大战刚刚结束时，以英美为首的战胜国首脑们商量着要在美国纽约成立一个协调处理世界事务的联合国。一切准备就绪后，大家才惊奇地发现，这个全球至高无上，最具权威的世界性组织，竟然没有自己的立足之地！

买一块地皮吗？刚刚成立起来的联合国机构身无分文。向各国集款募捐？又似乎太没面子了，负面影响太大。况且战争刚刚结束，各国国库也是空空如也，看来筹款也没戏了。联合国甫一成立就被这个难题搞的一筹莫展了。

得知这一消息后，美国著名的家族财团洛克菲勒家族经过商量，果断地出资870万美元，在纽约买下一块地皮，将这块地皮无偿地赠予了联合国组织。同时，毗邻的地皮也买下了。

对洛克菲勒家族这一出乎人们意料的举动，当时美国的许多大财团都非常吃惊。870万美元啊，这在当时可不是一笔小数目，可是洛克菲勒家族却毫无条件地将它拱手让给了联合国！简直是白痴行为！在众财团的讥笑讽刺中，洛克菲勒家族默默忍受了来自各界的压力，始终不为所动，也决不后悔。

出人意料的事情突然发生了，联合国大楼刚一竣工，毗邻地价便立刻飙升了起来，相当于捐款前的十倍！看着巨额财富源源不断地流入洛克菲勒家族的腰包，当年嘲笑过他们的人都目瞪口呆。

这是一个典型的“舍得”的例子。如果洛克菲勒家族没有做出“舍”的举动，勇于牺牲和放弃眼前的利益，就不可能有“得”的结果。放弃和得到永远是辩证统一的。然而，现实中太多太多的人执着于“得”，常常忘记了“舍”。要知道，什么都想得到的人，最终可能会为物所累，导致一无所获。

当我们面临选择时，一定要学会舍去，学会放弃。鱼和熊掌不可兼得，不小心“兼得”了，最后肯定会一起失去，输个精光透亮。

把得失看成生活的两面

世界上有许多人因为各种原因失去了他们本该拥有的，也得到了别人无法得到的。

俗话说“万事有得必有失”，得与失就像小舟的两支桨，马车的两只轮。失去春天的葱绿，却能够得到丰硕的金秋；失去青春岁月，却能使我们走进成熟的人生……失去，本是一种痛苦，但也是一种幸福，因为失去的同时也在获得。

所以，我们不妨换种想法：得到与失去、追求与放弃，是现实生活中再平常不过的事情，我们应该以一种平常、豁达的心态去看待。

一位大财主名叫提婆，为人刻薄、爱财如命，不但多方聚敛，而且连一些极小的公益都不肯去做。家中虽藏有8万余两黄金，日常生活却过得和穷人一样，人们对他非常的讨厌。他一死，没有子孙来继承，依照法律，财产全归国有，这下子人心大快，也不免议论纷纷。

波斯王深感疑惑，就去请教佛陀：“佛陀！像提婆这样悭吝的人，为什么今生会这么富有呢？”

佛陀微笑道：“大王！这是业报，是有前因的。提婆在过去世中曾供养过一位辟支佛，种了不少善根，所以得到了多生多世的福报，今生的富贵是他最后一次余福了。”

波斯王又追问道："他今生虽未行善事，但也未造恶业，在他生死相续的来生，能不能也像今生一样的大富呢？"

佛陀摇摇头说："不可能了！他的余福已经享尽，而今生又没有布施种福，来生绝对不可能再享受福报了。"

《因果经》有一首偈这样说道："富贵贫穷各有由，夙缘分是莫强求。未曾下得春时种，坐守荒田望有秋。"其实，人世间的事，无论好坏、善恶、得失、有无，都有其因果关系，没有任何一件事可以脱离因果法则的。同样是人，为什么有人富贵，有人贫贱呢？这是因为有的人好吃懒做，悭吝不舍，整日游手好闲，不事生产，自然坐吃山空；有的人辛勤劳作，乐善好施，懂得广结善缘，自然生财有道。

在佛门里称布施为"种福田"，只要有播种，必然会有结果，但是何时才能收成，就有待因缘成熟了。悭贪之人应该知道喜舍结缘乃是发财顺利之因，不播种，怎有收成？而且布施应在不自苦、不自恼的情形下为之，否则就是不净之施，不是真心惠人！

有舍有得，舍与得是生活的两面。得到了这一面，就必然会舍去另一面。正如福祸相依一样。这个世界其实一直都在遵守着能量守恒定律。生活让我们失去了一部分，就必然会在另一部分中给我们以补偿。

懂得小失，才能大得

明白的人懂得放弃，真情的人懂得牺牲，幸福的人懂得超越！安于一份放弃，固守一份超脱，这就是人生。

在日常的工作生活中，对于"舍"的理解，有时随着环境、性格、思想而各有不同。有的人认为这是一种软弱，有的人认为"舍"是一种保全，有的人又会认为"舍"是一种美丽。俗话说，舍得舍得，有舍才有得。虽然每个人都明白其中的道理，然而在现实生活中，当某一个人要“舍”弃拥有的东西时，就会彷徨和犹豫，况且“得”多少还是个未知数，于是有些人选择了“守”，这样的话“得”就无从谈起了。

我们不妨换种想法：凡事须从大局着想，为整体利益暂时放弃一些局部利益。兵家，商家，职场人士无不知晓其中的道理。在事业和人生的困难时期，若只知进，不知退，只知得，不知舍，试图处处得利，必会处处被动，整体失利，最终受其大害。

一个独自在荒凉的沙漠中旅行的人，在走了两天两夜之后，他的身上已经没有了任何可以吃的东西，更可怕的是，他已经没有了水，非常渴。然而，更不幸的事情发生了，这个人在途中遇到了风暴。风吹起漫天的黄沙，使他的眼睛都无法睁开。一阵狂沙吹过之后，他已认不得正确的方向。

两天后，烈火般的干渴几乎摧毁了他的生存意志。绝望中，他发现了一幢废弃的小屋。他拖着疲惫的身子走进了小屋，发现这里除了一堆废弃的木材之外，什么也没有。当他几乎绝望地走到屋角时，却意外地发现了一架抽水机。

他兴奋地上前汲水，可任凭他怎么抽水，也抽不出半滴来。正当他颓然地坐在地上时，看见抽水机旁有一个小瓶子，瓶上贴了一张泛黄的纸条，纸条上写着：你必须用水灌入抽水机才能引水！不要忘了，在你离开前，请再将水装满！

果然，当他拔开瓶塞时，发现瓶子里果然装满了水！

他的内心开始了交战——

如果自私点，只要将瓶子里的喝掉，他就不会渴死，就能活着走出这间屋子；如果照纸条做，把瓶子里惟一的水，倒入抽水机内，万一水一去不回，他就会渴死在这地方了——到底要不要冒险？

思考良久，到了最后，他终于决定把瓶子里惟一的水，全部灌入这个看起来破旧不堪的抽水机里。没想到，真的从抽水机里涌出了大量的水。他高兴地喝足水后，依旧把瓶子里装满水，用软木塞封好，然后在原来那张纸条后面，加上了一句他自己的话：相信我，真的有用。几天后，他终于走出了沙漠。

其实，人生最大的得意与失意，都是由我们自己来左右。人生最大的得，应该是“生”。我们从父母那里得到生命，不是最大的得吗？因为没有这个得，就没有以后的得，这是得的根本。而人生最大的失，应该是“死”。当这一刻来临，我们便需交出所得的一切，包括自己的生命，这不是最大的失吗？这最大的得与失，我们尚且无法掌握，又还有什么得失好计较的呢？

人要学会“舍得”，不能企盼“全得”。拥有的时候，我们也许正在失去，而放弃的时候，我们或许正在重新获得。

丢下芝麻，捡得西瓜

在两难之间取舍，应该掂量一下事情的分量，尽量采用舍小取大、弃轻取重的处理原则。

事情有大有小，有轻有重，是放弃西瓜拣芝麻，还是丢掉芝麻拣西瓜，这既可能涉及自身的利益，又可能涉及到他人及整体的利益。

古时候，有一个财主非常富有。他的家里老鼠很多，经常破坏家里的东西，财主为此很头疼。

一次，家中来了一只野猫，它非常善于捕捉老鼠，第一天就在财主家捉住了五六只老鼠，第二天、第三天也是这样，这让财主高兴不已，还特地奖赏了它几条小鱼。可是好景不长，财主发现这只特别善于捕鼠的猫同时也喜欢吃鸡，最后的结果是财主家中的老鼠被捉光了，但鸡也所剩无几。

这时，财主的儿子犯了愁，他想把吃鸡的猫弄走，但他的父亲淡然地说：“祸害我们家中的是老鼠不是鸡，老鼠偷我们的食物咬坏我们的衣物，挖穿我们的墙壁损害我们的家具，不除掉它们我们必将挨饿受冻，所以必须除掉它们！没有鸡大不了不吃罢了，离挨饿受冻还远着哩！”

“芝麻”是财主家的鸡；“西瓜”是财主的房子、衣物、家具等重要财产。其中的利与弊还是显而易见的，有失必有得，财主的儿子只想着没有鸡可吃，没有想到其他的重要财产。如果得到的财富远远大于失去的，这就是最大的平衡。丢下“芝麻”，捡得“西瓜”，这与老财主持有的心态是一致的。

20世纪80年代，香港巨商李嘉诚就有吞并香港码头九龙仓的意图，虽然那时李嘉诚就已经做上了香港首席富豪的宝座。可当时他的实力和声誉，还都比不上船王包玉刚。所以李嘉诚心里一直没有底。

因为在他有意吞并九龙仓的同时，船王包玉刚也想第一个吞并九龙仓，好为自己减船登陆后打好基础，做好准备。

事实对李嘉诚非常明显，如果他收购九龙仓，就会遭到九龙仓故主怡和集团的强力抵抗，收购将会给李嘉诚带来沉重的损失。以后，还有可能和包玉刚有不可预测的激烈竞争，这样自己说什么也不可能得到胜出的机会。

当时在华人商界，论实力，论与银行业的关系，能与怡和抗衡的，非包氏莫属，况且，现在包玉刚又有意于吞并九龙仓。

李嘉诚经过再三思索，权衡利弊得失，胸有成竹，毅然决定把球踢给包玉刚，猜测包玉刚得球后还会奋力射门——直捣九龙仓，并且还会欠自己一个人情。

事情的发展和李嘉诚想的一样，当他把九龙仓的1000万股股票转给包玉刚后，他得到了丰厚的利润。

他把自己原来以10～30元价买的九龙仓股票以30多元的价格转手给包玉刚后，仅此一项就获利数千万元。更重要的是，他可以通过包玉刚的关系，从汇丰银行那里承接和记黄埔的股票9000万股，并成为和记黄埔的董事会主席。

李嘉诚在这次对九龙仓的战役中得到了巨额的滚滚财源，他果断地放弃了直接收购九龙仓的计划，这为他带来了好的成果。所以在这样取舍两难的选择之间，就应该掂量一下事情的分量，尽量采用舍小取大、弃轻取重的处理原则。

舍与得总是互为因果

成功就是一个“舍得”的过程，舍弃的是时间和有限的资金，得到的是知识和更多的财富。我们舍弃了其他人的生活节奏，得到了心知，得到了从感悟中豁然开朗的愉悦。

“舍得”一词，是佛家语，是禅境语。本意是讲万丈红尘扑朔迷离，人生在世总会有获得有舍却。净空法师告诫世人：“舍与得互为因果，往与复本来是自如的，如果领略其中奥意，自然可以打破分别之心。佛无分别心，无分别心，即无烦恼挂碍，心境圆融通达，万象归于一乘，人生有限之生命就会融入无限的大智慧中。”

据说人死后，离开阳界到阴界接受阎王爷重新发落。如果这个人在世时。好事做的多，允许转世仍然为人；好事做得少，只能托生为动物；做过坏事的，不能转世，只能在阴界做鬼；坏事做得太多的，不但不能转世，就是在阴界当鬼都不行，要放在油锅里煎熬，以示惩处。

有两个人死后离开阳界，来到了阴界，战战兢兢地站在阎王爷前等待发落。阎王爷拿起《功过簿》翻了翻，说：“你们俩在世时没有做过什么坏事，准许转世仍然为人。”这俩“人”听说转世为人，非常高兴。“不过，”阎王爷又说了，“有两种人间生活，供你俩选择。一种是‘舍’，一种是‘得’。‘舍’就是放弃，付出。‘得’就是索取，得到。”其中的一个想：“得”好啊！别人都给予我。手一举说：“阎王爷，我要过‘得’的生活。”阎王爷看一看另一个，说：“你只好过‘舍’的生活了，要放弃，要付出。”另一个说：“只要能转世为人，我愿意。”阎王爷嘿嘿一笑，说：“好了，你俩投胎转世为人去吧！”于是这俩阴界的“人”，又成为阳界的人。一个过上了“舍”的生活，一个过上“得”

的生活。大家想想，这俩个人过上了什么样的人间生活？先说“得”的生活，是索取、得到，别人都给予他。是什么？对了，是乞丐。那么，“舍”的生活呢？是放弃、付出，给予别人。是什么？对了，是富人，乐善好施。

生活本来就是舍与得的世界，我们在选择中走向成熟。做学问要有取舍，做生意要有取舍，爱情要有取舍，婚姻也要有取舍，实现人生价值更要有取舍……正如孟子所说：“鱼，我所欲也；熊掌，亦我所欲也。二者不可兼得，舍鱼而取熊掌者也。”人生即是如此，有所舍而有所得，在舍与得之间蕴藏着不同的机会，就看如何抉择。倘若因一时贪婪而不肯放手，结果只会被迫全部舍去，这无异于作茧自缚，而且错过的将是人生最美好的时光，即使最后能获得什么，那也是一种得不偿失！何苦来哉？

舍与得的问题，多少有点哲学的意味。舍得，舍得，先有舍才有得，不舍不得，小舍小得，大舍大得，舍即是得。舍是得的基础，将欲取之，必先予之，因而人生最大的问题不是获得，而是舍弃，无舍尽得谓之贪。贪者，万恶之首也。领悟了舍得之道，对于做人做事都有莫大的益处。做人，应该抛弃贪婪、虚伪、浮华、自私，力求真诚、善良、平和、大气。做事，应该有所为有所不为。舍与得之间的抉择是一种生活的艺术，亦是一种人生哲学。是否舍得就看我们的慧量是多少了。

吃小亏，往往会赚大便宜

人生征途上，要懂得追求，也要学会放弃，特别是在人生的节骨眼上举重若轻，拿得起，放得下，这样才能拥有成功的人生。

有退有进，以退为进，在现代企业经营中同样适用。在激烈而残酷的竞争中，暂时牺牲掉一些利益，换来的却是巨大的成功。

日本绳索大王岛村芳雄原在一家包装公司当店员。有一天，他在街上漫无目的地散步时，注意到许多花枝招展的太太小姐们，除了手中拿着自己的皮包外，还提着个纸袋。这些纸袋是她们在买东西时，商店给她们装东西用的。用这样的纸袋装东西真是既实用又方便。经过多日的细心观察，岛村发现用纸袋的人越来越多，看来纸袋这玩意是一个很有发展前途的东西。

于是他又设法参观了一家造纸厂，工厂忙得像刚发生了火灾的现场一样。参观后，他怦然心动。他断言，将来纸袋一定会风行一时，那么，做纸袋的绳索也一定会大量需要。因此他毅然决定无论如何也一定要辞职大干一番。

经过多次的艰苦努力，岛村终于从银行申请到了100万日元的贷款。资金有了，如何能够在竞争激烈的商界站稳脚跟呢？在创业伊始，岛村采用一种奇怪的“原价销售法”。

所谓“原价销售法”，即他在麻的产地以5角钱一条的价格大量收购麻绳，又照原价以一条5角钱的价格卖给东京一带的纸袋工厂。

完全无利润反而赔本的生意做了一年之后，“岛村的绳索确实便宜”的名声传扬四方，如山似海的订单从各地像雪片一般源源飞来。于是，早有计谋的岛村又按部就班地采取了他的第二步行动。他拿着购物收据前去与订货客户们诉说：“到现在为止，我一分钱没赚你们的，但如果长此下去，我只有破产一条路了。”这样与客户交涉的结果，自然是他的诚实感动了客户，使客户心甘情愿地把货价提高为5角5分一条绳索。

与此同时，他又到麻绳产地与厂商商量：“你卖给我5角钱一条绳索，我是照原价卖出的，据此才有了这么多的订货，这无利而赔本的生意我是不能再做下去了。”那些厂商看到他开给客户们的收据发票，大吃一惊，因为头一次遇见这种甘愿不赚钱做生意的人，于是不加考虑地一口答应，每条绳索以4角5分的价格供应给他。

这样两头一交涉，一条绳索就赚了一角钱。而他当时一天就有1000万条订货，那么利润就是相当可观的100万日元了。短短几年时间，岛村就从一个几乎是一文不名、囊空如洗的穷光蛋摇身一变成为日本绳索大王。创业13年后，他日交货量已经超过5000万条，现在的绳索更为讲究，有塑料带、缎带、绢带等，每条售价5日元左右，利润更加可观。

虽然开始时岛村先生吃了大亏，但随之他赢回了更大的利益。完全无利润的赔本生意不仅使他赢得了大批的用户，而且又迫使其他对手退出竞争，极大地占有了市场，从而真正达到了自己的目的。

当我们经营的产品在市场中处于劣势时，或者要进入一个新市场时，先吃小亏后赚大利不愧为一种高明的谋略。

无独有偶，美国的麦斯威尔咖啡，于1965年至1966年期间，在日本举行过三次赠送活动。当时采取的赠送法是夹在面包包装内。第一次赠送活动在1965年3月至5月，与日本第一面包公司合作，把咖啡样品夹在1斤装的面包包装内，送出200万份样品，赠送范围是日本全国。这是试探性的举动。结果，获得意外的成功。面包公司和咖啡公司在业务上都有惊人的进步，吸引其他面包公司纷纷请求参加分送样品工作。

麦斯威尔咖啡尝到第一次赠送甜头，于1965年10月至翌年1月，与日本7个地区和7家面包公司合作，其中6家面包公司是：东京第一面包公司，大阪神户面包公司，名古屋敷岛面包公司，福冈粮友面包公司，仙台虎屋面包公司，札幌罗巴制面包公司。7个地区共发送出样品600万份，比第一次多了两倍。

第三次赠送样品活动，是在1966年秋季。除了第二次的7家面包公司继续合作外，再增加3个地区和3家面包公司。有静冈地区的惠比寿面包公司，新鸿地区的郁金香食品公司，福井地区的富士面包工业公司。10个地区共送出咖啡样品1000万份。

麦斯威尔咖啡经过3次大规模的赠送样品，效果立竿见影，很快打开了日本市场的销路，在该市场赢得了销量第一的宝座。

麦斯威尔咖啡决定在日本采取赠送法促销攻势的基本原因有三个。

第一，麦斯威尔咖啡在市场占第二把交椅地位。如果一种牌子的商品在市场上已占第一把交椅的地位，就没有赠送样品的必要。麦斯威尔咖啡在开展赠送活动前，很多日本人根本不知道有这个牌子咖啡的存在。

第二，麦斯威尔咖啡的品质确实已改良，在其他国家的市场已获得广泛好评。可惜，日本市场多数的咖啡消费者是其他厂牌咖啡的“忠实惯用者”，从不尝试麦斯威尔咖啡。

第三，据市场调查的结果，有60%的咖啡饮用者一直习惯于用一个牌子的咖啡，不轻易改变习惯。如果不赠送样品，他们永远不会掏钱买其他牌子咖啡尝试的。

鉴于上述原因，麦斯威尔公司做出大胆决策，投下巨额资金进行大规模赠送攻势。攻夫不负有心人。麦斯威尔咖啡赠送成功的原因有三点：

其一，麦斯威尔咖啡本身品质确实良好，有使消费一尝即爱的魅力；

其二，选择面包公司配送赠品的媒介，不仅合作者对路，受赠者正是咖啡的消费者；

其三，面包公司为其本身利益，有了免费的赠送品附在自己供应的产品上，无形中增加了竞争能力，故在推广销路上积极配合。

以“赠送法”进行促销，立意是“吃小亏占大便宜”。一种新产品，它在市场的知名度不高，用户极少，为了打开销路，花钱做广告、印刷宣传资料，乃至免费赠送一些样品，是十分必要的。“先尝后买，方知好歹”，这是一句古老的生意经。所以很多有心计的经营者不惜“挥金如土”，大搞赠送活动。麦斯威尔咖啡能够获得经营成功，就是从这条路走过来的。

当然，吃小亏赚大利，必须把“小亏”吃在有“大利”可赚的市场。所以用这种策略前要进行市场分析研究，甚至试探性行动，否则不但开辟不了市场，还可能血本无归。其根本原则是选择有发展潜力、能赚回钱的市场。

会舍去才会活得潇洒

生命的整个过程不会是一帆风顺，成与败，得与失，都是这一过程的装饰，终究会成为过眼云烟，重要的是自己心里的感受。

大多数人都想得到什么，得了多少，得了有多好，而再失的时候，往往舍不得，往往“放不下”。更多的人，想的都是拥有的时候有多好，失去的时候有多糟糕。所以生活中，很多人认为，本来是自己的东西，或者自己本可以得到的东西，失去了是一种吃亏，很难接受。

在人生旅程中，的确有很多东西都是靠努力打拼得来的，因其来之不易，所以我们不愿意放弃。比如让一个身居高位的人放下自己的身份，忘记自己过去所取得的成就，回到平淡、朴实的生活中去，肯定不是一件容易的事情。但是有时候，我们必须放下已经取得的一切，否则我们所拥有的反而会成为生命的桎梏。所以说“应无所住”，就是要我们去掉执着心，不要执着于某个目标，不要为求一点，而失掉一面。因为我们自己只有一个，而目标却可以是很多个。

佛在世时，有一位波斯国王出城巡游。他乘坐在高大的白象上，一群随从围绕其身旁。途中，波斯国王从远处看到一位白发苍苍的老人过来，他怕这位老迈的长者受到惊吓，即吩咐身边的随从：“停下来！停下来！”让老人能慢慢地安全走过来。

这位老迈的长者远远看到国王时，也稍微停下。他望见随从的队伍也停下时，才放心地继续向前走。当长者走到这群人的面前，国王以慈祥、轻柔的声音呼唤他说：“老人家！看你白发苍苍，好像年纪不小了吧！”

老人仰头看着国王，展露天真的笑容，并伸出四个手指头对国王说：“我才四岁。”

国王很怀疑地说：“你四岁？”

老人坚定地说：“对！我才四岁。因为，我在四年前所过的生活，是很糊涂、懵懂的人生，那不是真正的人生。后来很幸运地得闻佛法，所以我受佛陀的教育才四年。

“如今，我凡事都放得下，一心只想要施舍，在我有生之年尽力去付出。在这当中，体会到付出是件多么欢喜、快乐的事；不与人计较是如此的自在！由此，了解到心无烦恼，才能身轻心安！

“这四年来，我过得很逍遥自在，这才是真正的人生。所以，我真正会做人的年龄才四岁。”波斯国王听了欢喜地说：“老人家！人生确实要放得下、舍得付出，与人无争、与事无争，这才是最逍遥的人生。我很羡慕你！虽然你听闻佛法才四年，但你的人生已经很有价值了。”

有些人常有自我的主见，以为谦让会使自己吃亏；或认为身旁事物都是恒常、坚固的，所以不愿让步。这些见解如同用一条绳子将自己绑住，真是苦不堪言啊！如果我们不将过去的凡心赶快放下，又如何能学圣贤行迹呢？

其实要学会付出、放下，不是很困难；要达到身轻心安的境界，也很容易！只是众生我执放不下，才会这么辛苦！

| 第07辑 |

不断更新思维方式，苦干不如巧干

为什么有人做事费尽心血，但还是一败涂地？为什么有人做事不费吹灰之力，但总能马到成功？其中的差别就看能不能走出一条新路来。千军万马挤独木桥，挤破脑袋还不一定能过去，能懂得变通，成功的路上才能畅通无阻。

突破思维定势才会有创造力

老观念不一定对，新想法不一定错，只要打破心理枷锁，突破思维定势，就会成功。

我们每个人多多少少都会受到思维定势的影响，而且年龄越大，这种影响就越明显。对中年人来说，突破思维定势尤其重要，否则创造力就会受到阻碍。

众所周知，大象能用鼻子轻松地将1吨重的行李抬起来，但我们在看马戏表演时却发现，这么巨大的动物，却安静地被拴在一个小木桩上。

因为它们自幼小无力时开始，就被沉重的铁链拴在牢固的铁桩上，当时不管它用多大的力气去拉，这铁桩对幼象而言都太沉重了，当然动也动不了。不久，幼象长大，力气也增加，但只要身边有桩，它总是不敢妄动。

这就是思维定势。长大后的象，可以轻易将铁链拉断，但因幼时的经验一直留存至长大，所以它习惯地认为（错觉）“绝对拉不断”，所以不再去拉扯。从人类来看也是如此——虽被称为“万物之灵”，有着独特的高级思维能力，但却自以为是或自我设限而徒然浪费了能力，实是愚蠢。由此可知，不只是动物，人类也并未摆脱常规思维的束缚，而只能以常识性、否定性的眼光来看事物，自以为是地认为“我没有那样的才能”，终会白白浪费大好良机。除了这种静止地看待自己的形而上学的错误外，用僵化和固定的观点认识外界的事物，有时也会带来危害。比如，通常我们都知道，海水是不能饮用的，可是如果抱定了这种认识，也可能犯下严重的错误。

一次，一艘远洋游船不幸触礁，沉没在汪洋大海里，幸存下来的8个人拼死登上一座孤岛，才得以幸存下来。

但接下来的情形更加糟糕，岛上除了石头，没有任何可以用来充饥的东西。更为要命的是，在烈日的暴晒下，每个人口渴得要命，水成为了最珍贵的东西。

尽管四周都是海水，可谁都知道，海水又苦又涩又咸，根本不能用来解渴。现在8个人惟一的生存希望是老天爷下雨或别的过往船只发现他们。

等啊等，没有任何下雨的迹象，除了海水还是一望无边的海水，没有任何船只经过这个死一般寂静的岛。渐渐地，他们支撑不下去了。

有7个人相继渴死，当最后一个人快要渴死的时候，他实在忍受不住扑进海水里，"咕嘟咕嘟"地喝了一肚子海水。这个人喝完海水，一点儿也觉不出海水的苦涩味，相反觉得这海水非常甘甜，非常解渴。他想：也许这是自己渴死前的幻觉吧，便静静地躺在岛上，等着死神的降临。

他睡了一觉，醒来后发现自己还活着，他非常奇怪，于是每天靠喝这岛边的海水度日，终于等来了救援的船只。

后来人们化验这海水发现，这里由于有地下泉水的不断翻涌，所以，海水实际上是可口的泉水。

习以为常、耳熟能详、理所当然的事物充斥着我们的生活，使我们逐渐失去了对事物的热情和新鲜感。经验成了我们判断事物的惟一标准，存在的当然变成了合理的。随着知识的积累、经验的丰富，我们变得越来越循规蹈矩，越来越老成持重，于是创造力丧失了！想象力萎缩了！思维定势已经成为人类超越自我的一大障碍。

亨利·福特是一位了不起的人。直到40岁，他的生意才获得成功。他没有受过多少正规的教育。在建立了他的事业王国之后，他把目光转向了制造八缸引擎。他把设计人员召集到一起说："先生们，我需要你们造一个八缸引擎。"这些聪明的、受过良好教育的工程师们深谙数学、物理、工程学，他们知道什么是可做的、什么是行不通的。他们以一种宽容的态度看着福特，好似在说："让我们迁就一下这位老人吧，怎么说他都是老板。”他们非常耐心地向福特解释说八缸引擎从经济方面考虑是多么不合适，并解释了为什么不合适。福特并不听从别人的意见，只是一味强调：“先生们，我必须拥有八缸引擎，请你们造一个。”

工程师们心不在焉地干了一段时间后向福特汇报：“我们越来越觉得造八缸引擎是不可能的事。”然而，福特先生可不是轻易被说服的人，他坚持说：“先生们，我必须有一个八缸引擎，让我们加快速度去做吧。”于是，工程师们再次行动了。这次，他们比以前工作得努力一些了，也投入了更多的时间和资金。但他们对福特的汇报与上次一样：“先生，八缸引擎的制造完全不可能。”

然而对于福特，根本不存在“不可能”之说。福特炯炯有神地注视大家说：“先生们，你们不了解，我必须有八缸引擎，你们要为我做一个，现在就做吧。”猜猜接下来如何？他们制造出了八缸引擎。

在竞争激烈的现代社会中，成功离不开创造力，而人要想发展自己的创造力，就一定要打破思维定势的束缚，勇敢地去创新。

思路独特必有厚报

许多人没有留意到机遇会来敲门，因为他们都在按部就班地依照已经制定好的计划行事。而正确的方法是，不要等待，要主动地去寻求偶然的发现。

在认识和培养自己的优势上，有时候不但要看自身情况，还要考虑客观因素，以便找出适合自己的路，这样说不定就能从“冷门”中爆出“热门”。但这条“路”并不是人人都能找到的，那些总是追赶风潮，没有主见的人，与这种机会无缘。

有一位叫刘耀庭的人就有一绝——为小提琴诊断“治病”，经他的手给以“针刺”，小提琴立刻变得音色美妙，令世人称奇。刘耀庭的这手绝活是自己摸索出来的。他大学毕业分到北大荒一个农场工作。他开始学的是中文，也搞过美学。后来，开始沉湎于对小提琴的起源和发展的研究，探索三百年来世界音乐界对小提琴美妙音色来源的各种争议。

之后他开始实践操作，从刮削琴体的各个部位入手，探寻琴板厚薄与音乐之间的关系。时间长了，琴板刮削之后显露出的一道道清晰而又神奇的纹理引起了他的注意。他试探着改变某些木纹结构，结果一种奇特现象发生了，相关的琴音发生变化。经过多次摸索，他终于把握住了琴板木纹和琴声之间关系的规律，练出了一手通过改变纹理纠正琴音的绝技。

刘耀庭的绝技引起音乐界的注意，他被请到中央音乐学院音乐厅，有几位专家教授想亲眼看看他的“针刺疗法”。他们随意将一把小提琴递给他，他对琴背部的木纹做一番细致观察之后，就诊断出这把琴音色的毛病。

他手握一把小钢锥，在缜密的木纹之间确定穴位，然后进行“针刺”，轻轻敲打。几番功夫下来，被“针灸”过的小提琴的音色即刻变得优美起来，犹如换了一把琴似的，把专家们惊得目瞪口呆。他的技艺堪称“神州一绝”，自然为他赢得了成名的机遇，从此他在音乐界成了奇人、名人。

前些年随着舞台上的变化，手风琴演奏家杨屹遇到了前所未有的情况：手风琴上台的机会越来越少。有些耐不住寂寞的手风琴手纷纷弃琴而去。可是，他分析了形势之后，认识到手风琴艺术一定会有机会再度辉煌，他坚信这门艺术不能丢。杨屹不但要干，而且还要干出名堂来。1984年6月，他在中央音乐学院举办了个人独奏音乐会。他的深沉细腻和极富表现力的演奏博得了观众及行家们的好评。1987年底在全国手风琴大赛中他的成功演奏，一举夺魁，荣获了一等奖，坐上了第一把交椅。

后来又有一次机会。在美国钢琴、手风琴学会成立50周年前夕，他接到美方邀请函，请他参加比赛，但是几经努力终因没有经费而告吹。一次机会失掉了，面对失利，杨屹并没有气馁，而是以平和的心态坦然面对。后来，团里要到香港演出，节目单上印了他的名字，可是出发的时候却没有他了。又一次机会失去了，可是他一笑了之，该干什么还干什么。他说：哪有那么多的好机会总让你赶上呢？他没有熄灭心里的那团火，依然勤奋练琴，同时他把自己的目标定在为部队官兵服务上，坚持下部队，认真地为广大官兵演出，发展自己的事业。他在另一个天地里表现自己，在军队这个领域里追求机遇，获得了巨大的成功。1993年，他立二等功、三等功各一次。

同时，他录制了大量盒带、录像带在全国发行，培养年轻的手风琴演奏人才，他的影响更大了。杨屹的名字出现在《中国音乐家名录》、《中国当代青年名人辞典》和《中国当代艺术界名人录》上。

在竞争日趋激烈的社会，人们总是爱盯着一些所谓的“热门”行业，一拥而上，形成了千军万马过独木桥的局面，导致“热门”的热量降温，反而成了“冷门”。

其实，在做人做事上，尤其是带竞争色彩的事情，最忌跟在别人屁股后面随大流。人家干什么，我也干什么，人走我随，这不但是没主见、没根底的表现，也是没新思路、无创造力的做法。

反其道而行之是最有效的变通

选择应该是以对社会的发展趋势的正确判断和准确把握为前提，而不应是盲目的，这样，才能保证重新选择的正确性。

反其道而行之是不随大流的形式。它不但不随，反而朝相反的方向走。这虽然冒风险，但只要是出于正确方法的指导，出于清醒判断的选择，一般都会闯出来自己的路子。

美国布里奇玩具公司董事长莱希顿常常为了公司的事情而烦闷。由于市场竞争十分激烈，各大玩具公司竞相推出儿童们喜爱的新型玩具，并且在市场上十分畅销，这无疑对布里奇玩具公司是一个巨大的压力。如何在玩具市场上占据一席之地，确实是个非常棘手的问题。

莱希顿的别墅后面有一片茂密的树林，每当遇到令人头痛的问题的时候，他都会到树林里去散步。树林里幽静的环境和美丽的景色能够使他暂时忘却烦恼。

这一天，莱希顿又慢慢地踱到了树林里，但他的脑子一刻也没有停止转动，他是一个不肯服输的人，为了对付其他公司的排挤，他绞尽脑汁，努力地想找出一个新的方案来给予反击。正在这时，他看到小路旁的一棵树下，几个小孩似乎在玩什么东西，每个人都玩得津津有味，爱不释手。莱希顿马上跑了过去。原来，那几个小孩正在玩一种肮脏而且看起来十分丑陋的昆虫。

莱希顿十分奇怪，便问其中的一个孩子："你们怎么玩这种又脏又丑的虫子呢？难道你们的爸爸妈妈没有给你们买好看的玩具吗？"

那个小孩一噘嘴，说道："那些商店里卖的玩具我都有，可是全玩腻了，都是一个样子，没有什么意思。这种虫子我从未见过，虽然脏一点，丑一点，可是比家里的那些漂亮的玩具好玩多了。"莱希顿头脑里突然闪过一道火花。他知道自己找到解决问题的方法了。莱希顿一连对那几个小孩说了好几声谢谢，弄得他们莫明其妙，然后三步并作两步地跑回了家里，迫不及待地拿起了电话。

不到一个月，布里奇玩具公司就隆重推出了一种新产品，一改过去玩具总是造型优美，色彩艳丽的格局，而是以丑陋、色彩暗淡为主要方向。一时间，这种丑陋玩具满足了儿童们的好奇心理和新鲜感，于是成为市面上的抢手货，在儿童之中甚至形成了一种玩丑陋玩具的趋势。

布里奇玩具公司因为莱希顿的奇妙设想而在竞争之中稳住了阵脚，并且一一击败了对手，而成为玩具业的佼佼者。

另一位美国的家具商人马德罗尔斯也是这样，他是个勇于创新的商人，整天除了生意上的工作外，便是思考着如何设计出更好更独特的家具来迎合口味越来越高的消费者的需求。

有一次，马德罗尔斯到纽约乡下去度假，路过一个小村庄时，眼前出现了一片残垣断壁，原来这里刚刚发生一起火灾，烧毁了大批的房屋和树林。由于道路被阻，马德罗尔斯不得不停下车来等候路障的清除。

由于无聊，他便四处闲逛，看着这一片悲惨的景象，他的怜悯之情油然而生。他跑上前去，帮助村民搬运残留的物件。突然，一片焦松木引起了他的兴趣，那块木头的边缘虽然已经烧焦了，但是中心的木纹却十分漂亮，仿佛是一幅画似的，他从中得到了启示。

回家之后，经过几个月的研制，他发明出一种仿纹家具，这种家具美丽的花纹和亮丽的色彩使之在老式家具中脱颖而出，一举成为市场上的畅销货，而马德罗尔斯也因此获得了巨大的财富。

反其道而行之的做法是一种独特做人的方法的体现，它既是一种创新，又是一种对常规的破坏。当然，这种“破坏”不表现在对人情和风气习惯上，而是表现在能落实到具体事物的常规思维上。新的思路往往能在常规事物之外找到突破口，当然这也需要人的清醒判断和某种可遇不可求的机遇。

要变通，就要有改变规则的胆识

没有人能阻拦我们改变自己的生活，更没有人限制我们的生活自由，一旦我们跳出了墨守的成规，来到外面的世界，就会发现原来世界可以更宽更广，更加多姿多彩。

《塔木德》中有一句著名的格言：“开锁不能总用钥匙；解决问题不能总靠常规的方法。”在如今这个瞬息万变的社会，虽然处处商机，但也遍地风险，危机四伏。无论是企业还是个人，在这个快速变化的世界中，如果只知道一味地墨守成规，一成不变，抱着以不变应万变的保守态度，一定难以在激烈的社会竞争中生存下来。

有动物学家曾经做过这样一个试验，他们将一群跳蚤放在一个玻璃杯中，然后用玻璃盖将其盖住。一开始，跳蚤们都不停地奋力往上跳，但是每跳一下都会撞到玻璃盖，也许它们会因此而感到疼痛。就这样一个小时后，跳蚤依然在跳，但是它们跳得低了。因为动物都有学习的本能，在撞痛了几次后，跳蚤发现只要低一点就不会撞到盖子，于是它们跳的高度就降低了，三天以后，动物学家将杯子上的玻璃盖取下，结果发现每只跳蚤虽然还在往上跳，但是却没有一只跳蚤能跳到杯外来，因为它们已习惯了低些跳。

看到这个试验，我们是不是觉得有时候自己也像那些跳蚤？习惯旧规则，于是被约束，每天过着一成不变的生活，始终在狭窄的框框里跳跃。这样生活久了，只会让人觉得单调乏味，变得消沉，甚至失去斗志，失去理想。

有人说，“失业”是如今时髦的词语。有心计的人懂得打破陈规，抓住或创造机会，而愚昧的人只会一味地等待机会。

一个犹太富翁有两个儿子，随着孩子渐渐长大，犹太富翁也渐渐老了。于是富翁开始苦苦思索，究竟该让哪个儿子继承遗产，他始终拿不定主意。他想起了自己年轻时候白手起家的往事，忽然灵机一动，想到了一个考验儿子们的好办法。

他锁上家里的门，把两个儿子带到了100公里外的另一座城市，然后，给他们出了个难题，告诉他们，如果谁答得更好，就可以继承遗产。这是什么样的难题呢？富翁将一串钥匙和一匹快马分别交给两个儿子，看他们谁能先回到家，并把家门打开。

两人将马骑得飞快，都不甘示弱，因此两兄弟差不多同时到达了家门口。可是面对紧闭的大门，他们犯愁了。钥匙有一串，但锁只有一把，最合适的是哪把钥匙呢？哥哥试了好多把钥匙，但始终没能找到最合适的那把；而弟弟的钥匙则在路上丢了，因此他根本没有钥匙开门。

两个人都急得满头大汗。突然，弟弟一拍脑门，计上心来，他左右看了看，找来了一块石头，三两下就把锁给砸了，然后顺利地进了大门。最后，富翁把继承权交给了弟弟。

在犹太人看来，人生的大门通常都是没有钥匙的，在命运的关键时刻，人最需要的不是一把现成的钥匙，而是改变规则的胆识！其实，规则不是一成不变的，而是可以根据需要而改变或解释的。

很多事实都告诉我们，规则往往总是滞后于现实的。因此，一旦发现规则不能适应现实的时候，我们就应该懂得变通，凭借自己的胆识，运用所学的知识，对规则进行新的改变或创新，正所谓“世易时移，变法宜矣”。

虽然我们需要正确理解和遵守规则，但并不是说一味拘泥于规则，如果把形式的东西完全凌驾于人的利益之上，那么它就只能成为阻碍人发展的律条，而规则也就失去了它存在的意义。要知道，人是活的，规则是死的，而且规则也都是由人制定的，其目的自然也是为了更好地维护现有的秩序以及促进人的发展。

但是，这个世界有着无穷的变数，不同的规则也有不同的适用范围，因此不同的事情不可机械地用同等的眼光来看待。唯其如此，才能活用规则，让规则充分发挥良好的作用，否则，与其愚忠地死守，不如大胆改变。

变通，就是试着换一条路去闯

真正能闯出大事业的人不仅需要勇气，更重要的是需要一种与众不同的思路，他们善于想人所未想，做人所未做，在人们的眼力之外另外看到一条道路。

在这个世界上，从来没有绝对的失败，也从来没有不可能抵达的终点。一条路闯不通，不妨换其他的路试试。有时我们的心愿和目标只有一墙之隔。推倒了这堵墙或者绕过这堵墙都可以抵达目的地。所以，要学会换思路，没有必要一条路走到黑，直到耗尽最后的精力，却仍一事无成。

心理学家的研究表明，一个人的创造能力与他的思维能力成正比关系，一个人的思维能力越强，他的创造力就会越强。而创造性思维不受已有的思维定势和已有条条框框的限制。因此通过运用创造性思维，我们能够独辟蹊径，从完全崭新的角度来认识事物和分析问题，从而达到“柳暗花明”的效果。

正如里斯与特劳特说的：“如果你不能成为某类产品中的第一，就应该努力去创造另一类新产品。”

据说，吴道子刚开始学画时，拜一位普通的画匠为师，这位老画匠循循善诱，毫无保留地将自己全部画技传授给了吴道子。当他发现弟子的画技已经超过了自己时，就胸怀坦荡地让吴道子另择高师，继续学习。而且，他用自己一生总结的经验教训，教育弟子：要想取得突出的成就，必须要打破常规，走前人没有走过的路。

当吴道子拜别师傅出外求学时，老画匠对他意味深长地说：“如今你的画技已经在师傅之上，凭你这身本领，自然可以出去闯荡了。但是一定要记住：要想取得事业的成功，必须‘不拘成法，另辟蹊径’。”

吴道子离开师傅以后，始终遵循师傅的教诲，首先在学习上打破已有的框框，勇于从传统学画的老路中走出来，不是拜画家为师，而是拜著名的狂草书法大师张旭为师，进行创造性地学习。张旭一向以不拘一格、敢于创造的精神而为人称道，人们颂扬他为“狂”，这正是对他创造精神的一种肯定。

吴道子跟张旭学习书法，一方面从张旭笔走龙蛇的草书艺术中吸取营养，另一方面也学习张旭的创造精神。经过刻苦努力，终于做到了将书法、绘画融为一体并首创了“兰叶”描技法。当他完成了这段学习任务，准备拜离张旭时，对张旭讲了自己的心里话。他说：“弟子本习丹青绘画，可惜现今画坛技法俱已陈旧，弟子志在创新。幸得偶见恩师书法，笔走龙蛇，大气磅礴，猛悟得若能以书法绘画，便可一改前代画风，于是拜在恩师门下。现在弟子就此告辞，还要去云游山川、庙宇，再创山水画技！”吴道子的大胆创造精神使得富有创造精神的张旭也为之叹服。

吴道子本着蒙师“不拘成法，另辟蹊径”教导的指引，游遍了祖国壮丽河山，师法自然，最终才有了那张千古绝唱的《天王送子》图。他的学习过程、创作过程都非从他人之法贯穿始终，而是在不断地寻求其他的路，因而可以成一派风格。纵观古今中外书画大师的作品，他们无一不是因为有自己的独特风格，才可以独立成体、成家。其他领域同样如此。因此，当别人走过的路已经不可再有新意出现时，就该换其他的路走，而不是继续走原来的老路。

一个懂得变通的人，不会总是在一个层次上固守着不动，许多事情，只要我们换个角度思考，就能更清楚地看清自己和别人，也能更清晰地理解一切事物。

模仿别人就会失去自己

模仿别人，或许会赢得注意，但最大的损失就是失去自己。当发出自己真实的声音时，竟无人能够接纳，只能永远当一个虚无的影子而已！最终把自己丢了，这是最大的损失和悲哀。

每个人的个性、形象、人格都有其潜在的创造性，我们完全没有必要一味去模仿他人。卡耐基有一句名言是：“整日装在别人套子里的人，终究有一天会发现，自己已变得面目全非了！”的确，一味地模仿别人，最终只会失去自己，得不偿失。

春秋时代，越国有一位美女名叫西施。她的美貌简直到了倾城倾国的程度。无论是她的举手、投足，还是她的音容笑貌，样样都惹人喜爱。西施略施淡妆，衣着朴素，走到哪里，哪里就有很多人向她行注目礼，没有人不惊叹她的美貌。

西施患有心口疼的毛病。有一天，她的病又犯了，只见她手捂胸口，双眉皱起，流露出一种娇媚柔弱的女性美。当她从乡间走过的时候，乡里人无不睁大眼睛注视。

乡下有一个丑女子，名叫东施，不仅相貌难看，而且没有修养。她平时动作粗俗，说话大声大气，却一天到晚做着当美女的梦。今天穿这样的衣服，明天梳那样的发式，却没有一个人说她漂亮。

这一天，她看到西施捂着胸口、皱着双眉的样子竟博得这么多人的注目，因此回去以后，她也学着西施的样子，手捂胸口、紧皱眉头，在村里走来走去。哪知这丑女的矫揉造作使她原本就丑陋的样子更难看了。其结果，乡间的富人看见丑女的怪模样，马上把门紧紧关上；乡间的穷人看见丑女走过来，马上拉着妻子、带着孩子远远地躲开。人们见了这个怪模怪样的丑女人，简直像见了瘟神一般。

每个人都有不同的特质。东施效颦为什么很丑，就是因为东施把别人的样子生硬地搬到自己身上。或许东施本来不丑，但她因为扭曲自己的个性，硬学西施的样子，终于搞成了一个什么都不是的丑八怪。所以，尊重上苍给自己的才能，那才是适合自己的，一味地模仿只会徒增烦恼。

每个人都有虚荣心，就像每个女人都渴望漂亮，但是漂亮不是靠模仿来的。即便模仿得很像，那也是别人的荣誉，而不是自己的。所以，要相信自己就是最棒的，敢于展示真实的自己，而不是刻意地去模仿别人。也许没有漂亮的脸蛋，但有优美的嗓音；也许没有窈窕的身材，但有一颗善良的心灵。总之每个人是独一无二的，是无可替代的，这才是只属于自己的美丽！

有调查显示，一般人只用了10%的能力，也就是说，我们身体内还有90%的能力未被利用。如果把这些潜能挖掘出来，那么我们就有可能比我们羡慕的那些人更优秀。所以我们不应再浪费任何一秒钟，去忧虑我们不是其他人。事实也证明，一味地模仿别人，永远不会踏上成功之路。

玛丽·玛格丽特·麦克布蕾刚刚进入广播界的时候，想做一个爱尔兰喜剧演员，结果失败了。后来她发挥了她的本色，做一个从密苏里州来的、很平凡的乡下女孩，结果成为纽约最受欢迎的广播明星。

卓别林开始拍电影的时候，那些电影导演都坚持要卓别林学当时非常有名的一个德国喜剧演员，可是卓别林直到创造出一套自己的表演方法之后，才开始成名。

盲目地模仿别人，必定失去自我。表面上看起来这只是个人的性格问题，其实它会给我们的生活、事业套上无形的枷锁。因为，失去了信心，就失去了用自己的头脑思索问题并做出人生抉择的能力。

我们应该庆幸，我们是这个世界上独一无二的个体，我们有着其他人不具备的天赋和能力，所以，我们完全没有必要去羡慕别人，去嫉妒别人，更没有必要去模仿别人！一件华丽的外衣，每个人都想把它穿在身上，以示自己的美丽、威严。但是，当要用别人身上的光环来编织这件外衣的时候；当要借助模仿别人的美丽或者成功来显示自己的时候，就意味着我们已经受虚荣心的牵制，或者说已经被其控制。那么，请看看“东施效颦”的下场吧。记住，模仿就意味着自杀。

学会改变，千万别做“一根筋”

有些人常常陷入某种权威和思维定势之中，自设陷阱，自设障碍，以致“一根筋”地坚持到底，迷迷糊糊地转不过弯来，最终荒废了自己的聪明与才智。

众所周知，最聪明的活法就是不迷信以往的经验、传统和权威，也从不迷信自己。用开放的胸怀接纳事物，用多变的思维解决问题！

斯里是通用汽车公司的一名普通职员，平时工作沉稳扎实，努力上进。

这一天，他鼓起勇气走进上司的办公室，说：“对不起，我想该给我涨工资了。”

“不，不能给你涨，绝对不会。”上司微笑着回答，并指着玻璃板下的一张印刷卡片不慌不忙地道：“很不凑巧，根据本公司职务工资制度，你的工资已是你这一档中最高的了。”

听到这里，斯里顿时泄了气：“哎，我忘记我的工资级别了！”

他退了出来，几个铅印字打印出的制度使他放弃了他本应得到的东西，他想：“我怎么能推翻那张压在玻璃板下的印刷表格呢，那是制度，是权威。”

其实，斯里的上司也许只是希望斯里表现出充分的自信，并用这份自信和出色的工作业绩来说服他。但斯里却以他“一根筋”的想法，放弃了自己应得的权利，并同时放弃了自己赢得权力时应该展现出的智慧与才能。

如果是个有远见的人，如果立志成为一名杰出的人，就应该努力克服上述障碍，从现在开始培养自己的创新意识。

李·艾科卡1979年到克莱斯勒汽车公司任CEO时，接手的是一个债台高筑的烂摊子。万般无奈之下，艾科卡只好求助于政府，希望能够得到美国政府的担保，以便从银行获得10亿美元贷款，用于克莱斯勒公司发展新型轿车。

这一消息传出后，在整个美国激起了轩然大波，惹出了一片斥责之声。原来，在美国企业界有一个不成文的规矩：认为依靠外部力量，尤其是依靠政府的帮助来发展经济的做法，是不合乎自由竞争原则的。

面对企业界、舆论界、美国政府和国会的一片斥责反对声，艾科卡并没有气馁，他坚信规则是死的，人是活的，没有什么规则是不能被打破的。他不急不躁，冷静地分析了目前的形势，采取了“分兵合进、各个击破”的战术，耐心地去扫除公共关系上的重重障碍。

首先，他援引了美国人所共知的史实，有根有据地向企业界说明：过去，洛克希德公司、全美五大钢铁公司和华盛顿地铁公司都曾先后取得过政府担保的银行贷款，总额高达4097亿美元之巨。而克莱斯勒公司请政府出面担保仅10亿美元贷款的申请，却遭到非议，原因何在？

接着，艾科卡又向舆论界大声疾呼：挽救克莱斯勒公司，正是维护美国的自由企业制度，保护市场竞争。北美只有三家大汽车公司，一旦克莱斯勒公司破产垮台，整个北美市场就将被通用和福特两家公司瓜分垄断，这样一来，美国所引以为傲的自由竞争精神岂不就荡然无存了吗？

对政府，艾科卡则不卑不亢，提出了言辞温和而骨子里却很强硬的警告。他先是替政府热心地算了一笔账：若是克莱斯勒公司现在破产，那么，将有60万工人失业。仅破产的第一年，政府就必须为此支付27亿美元的失业保险金和其他社会福利开销。然后，他彬彬有礼地向当时正为财政出现巨额赤字的美国政府发问："您是愿意白白地支付27亿美元呢？还是愿意仅仅出面担个保，帮助克莱斯勒公司向银行贷款10亿美元呢？"

对国会议员们，艾科卡的工作更是做得滴水不漏。他为每个国会议员开出一张详细的清单，上面列有该议员所在选区内所有同克莱斯勒公司有经济往来的代销商、供应商的名字，并附有一份如果克莱斯勒公司倒闭将在其选区内产生什么经济后果的分析报告。这样做的实质，是在暗示这些国会议员们：若是你投票反对政府为克莱斯勒公司担保贷款，那么，你所在选区内就将有若干与克莱斯勒公司中有业务关系的选民因此而丢掉工作，而这些失业的选民对剥夺他们工作机会的国会议员必然反感，试问，你的议员席位还会稳固吗？

艾科卡这种"分兵合进、各个击破"的战术，最终收到了奇效：企业界、舆论界的反对派偃旗息鼓；国会那些原先曾激烈反对政府担保的不合作态度也销声匿迹。艾科卡不动声色地化干戈为玉帛，争取到了社会上各个方面对他的支持，终于将他所需要的10亿美元贷款顺利拿到手了。

靠着这笔来之不易的贷款，克莱斯勒公司一举开发出了数种新型轿车。从1982年起，克莱斯勒公司就实现了扭亏为盈，翌年又赚取利润9亿美元，创造了该公司有史以来盈利最丰的纪录。克莱斯勒公司由此走上了再度发展的轨道，艾科卡也一举成名，成为美国妇孺皆知的风云人物。

艾科卡在现有经验行不通时，果断地转换思维方向，另辟蹊径，挑战规则，并有计划、有步骤地鲸吞蚕食了反对意见，从而开创了他事业的新局面。

| 第08辑 |

换一种方式与人相处，世界不会再有敌手

抗击对手，反击敌人。但生活中似乎总有消灭不尽的敌手。其实，消灭敌手最好的方式就是，放弃那些无谓的对抗和反击，把敌手变成自己的朋友！

把敌人当成最好的老师

愤怒和诋毁没有任何作用，当我们能够从敌人身上学到更多的时候，才是真正的收获者。

生活中，人们对于自己讨厌的人往往看不到他的优点，或是故意诋毁他的优点。我们甚至可以千里迢迢地去拜师学艺，却不肯从我们的敌人身上学习有用的东西。然而，敌人可能正是我们最好的老师，我们可以讨厌他，但必须向他学习。一个善于向自己讨厌的对象学习的人，是有远大前途的。

韩国《中央日报》曾发表过一个民意调查报告，其结果显示半数以上的韩国人最讨厌的就是日本人。但是，他们虽然如此讨厌日本人，却仍将日本列为“最应该学习的地方”，积极主动地从日本的发展模式上研究学习，并从中汲取经验教训，能够做到这一点确实难能可贵。

要知道，韩国曾遭受过日本漫长的殖民统治，那段苦难的历史是无法从韩国人民心中磨灭的，源于历史的情结加上独岛的领土纷争，导致韩国民众对日本深恶痛绝，甚至，他们抗议日本的力度远远超过中国人。但这所有的一切，并没有妨碍他们将日本作为最值得仿效的对象，并表现出谦虚的姿态把日本作为值得效仿的老师。

追其根源，是因为日本现代化的发展模式远比其他国家更适合韩国的国情和文化背景，美国和德国虽然都是经济大国，但其发展模式对于韩国来说并不是十分合适。韩国人能够抛弃情感因素向日本人学习，这可以说是相当成熟的智慧。

人们喜欢跟着自己的感觉行动，很容易被自己的情绪影响正常的判断。若是自己的敌人，就对他充满鄙视和敌意，完全看不到他的优点，甚至把他所有的行为和语言都当做恶意中伤。可是，愤怒的情绪其实于事无补，从敌人身上，往往能够真正地窥视到自己的弱点，认真地总结一下，对自己是很有好处的。

把敌人当成最好的老师，这才是一个真正有智慧的人的处世之道。或许敌人对自己有所误解，或者他不过是虚张声势而已，而自己需要做的，并不是以牙还牙，以眼还眼，而是仔细研究一下他的行为，对自己而言，实在是一件只有好处没有坏处的事情。

假如把人生比作风云变幻的大海，那么我们每一个人都是行驶在海面上的航船，从起点到终点，我们按照各自不同的航线在前进，并没有一条固定的路线供我们选择。我们必须承受来自敌人的种种磨难，就如同是我们承载的货物一样，这些“货物”虽然在一定程度上增大了船身的负荷，但同时也增强了船只抵御惊涛骇浪的能力。

每一个人都摆脱不了敌人的存在，同样也需要敌人的存在。敌人是我们最好的老师，能够最直接、最快速地促使我们成长。即使我们自己还没有清醒地意识到这一点，但这是客观存在的事实，只要能够调整好自己的心态，把来自敌人的压力转化成不断进步的动力，就能从对手身上学到很多的东西。

《论语》中也曾说过：“苟志于仁矣，无恶也。”不觉得别人讨厌是修身的行为，而能向讨厌的人学习就是修行了。面对敌人的时候，不要诅咒，而要表达感激之情。感谢他带给自己的挑战和羞辱，让我们重新审视自己，让我们能够有机会提高自己。

在竞争中找到真正的朋友

从某种意义上说，如果能在竞争中把对手变成自己的朋友，那么竞争留给自己的将是更美好的东西。

在竞争中，把对手打败可以得到暂时的胜利，但是如果能用聪明和智慧，把生存竞争的“冤家对头”变成自己的朋友，在竞争中取得双赢，岂不是比一方的胜利更值得让人欢喜？能在竞争中找到朋友的人才是真正的胜利者。

实践证明，过去那种仅仅把同行看成是"冤家"，认为在竞争中把对手置于死地的人是强者的观点，是片面的、有害的，它往往造成不必要的摩擦、内耗及浪费。所以我们要学会变通：把对手争取过来，成为自己的朋友比打败他更为重要。

谈起达飞照明在澳大利亚地区发展的那段经历，尹行健冥想了半分钟："在那几年，我用得最多的就是努力在竞争中找到真正的朋友，这样不仅少了敌人，还增加了胜算。"

在去澳大利亚前，尹行健只是达飞照明的亚太区市场部总监。一天，老板把他叫到办公室，倒了一杯水，双手递给他："尹行健，我打算提拔你做澳大利亚地区的总经理。你也知道在那里我们已经亏损了15年了，我们必须改变。"

尹行健顿时感到很大的压力，老板便开玩笑地说："如果你去的话，或许你可以很轻易地改变那边被动的工作局面呢？"

尹行健听了也笑了起来，心想：那我就去那边感受一下日光浴和海滩吧。但是到了风光旖旎的澳大利亚，尹行健却笑不出来了。那边公司的情况很不妙，公司的账面亏损严重。他发现，并不是公司产品质量和价格的问题，而是渠道根本没有铺开。

不仅仅因为这些，其他品牌竞争也十分激烈，竞争对手能根据当地住宅极其分散的特点全部撒网，这样，达飞照明要想发展真是难上加难。

经过一番考察，尹行健想出了一个主意，他十分诚意地把当时的竞争伙伴邀请到自己的公司："我们要跟你们一起来做市场，把我们的货物放在你们的渠道上。而分销网络、物流系统等都由竞争者来搞，我们只完善自己的品牌建设。"

当时，有的人觉得尹行健可能是一个傻瓜，这等于公开了自己公司的所有秘密，觉得这是一个阴谋。只有一家表示愿意和他合作。

尹行健首先拿出了自己的诚意，让对方消除了戒心。他想能在这个时候同意和自己合作的人如果可以把他变成自己的朋友，不仅可以在这个时期让达飞照明渡过难关，就是以后也可以彼此照应，应对各种商场变化。

就这样，经过几次的合作，尹行健通过自己的努力博得了对方的信任，彼此成了真正的朋友，而双方的领导者各自也得到了一个不可多得的朋友。在他们的合作之下，达飞照明有了更好的发展轨道，而对方也得到了更好的制作经验。双方的业绩奇迹般地得到了双赢。

事实证明，在商场上其实并不都是敌人，只是大家总是在假想对方如何残酷、如何不人道，尹行健不正是在竞争中得到了一个真正的朋友吗？竞争中不可以盲目把对方当成对手，更多的时候要多动脑，把他变成自己的朋友。

当然，市场竞争在所难免，但根本用不着厮杀，因为这个市场这么大，大家完全可以共容。如果能成为朋友是最好不过的了，如果能找到更好的切合点，则对双方都是一个更大的促进。

在上面的这个案例当中，尹行健就是在竞争中找到了合作，在合作中找到了朋友，这样的朋友更会让他百倍地珍惜。在竞争中找到的朋友是他认为更可贵的朋友。

在竞争中，如果对自己的对手十分欣赏，那么就不用再犹豫了，尽量去把对方变成自己的朋友，或许对方也正想和我们成为朋友呢！这样双方不仅能更好地互补、更好地合作，也能得到更大的提高。事业上，可以是合作伙伴，生活中可以是知己，这样的结局不是更好吗？

打仗的时候，有许多武将说过："虽为敌人，其人表现却颇杰出，令人敬佩。"也有很多人因佩服其人而做出很多仁义之举。而在竞争中如果也有这样的人，我们为什么不能也以仁义之举变对手为朋友呢？聪明的人会把自己佩服的对手变成朋友，而决不会把他当成敌人。

感谢那些曾经伤害过我们的人

在现实生活中，要我们记着去感谢那些直接给予我们关心、帮助与掌声的人，是很容易做到的，然而要我们去感谢伤害、欺骗我们的人，却很难做到。

那些让我们感到不舒服的人，在我们的生命中川流不息，让我们应接不暇，他们像一根根尖锐的刺扎在我们的皮肤里，让我们隐隐作痛，让我们暴躁如雷，甚至怀恨在心。

当我们还是个小孩子的时候，会因为那个得不到的玩具而哭闹不止，埋怨父母的小气与冷酷；上了学，写不完的作业、做不完的习题让我们焦头烂额，也常因老师的严厉批评而怨声载道；好不容易盼望着长大成人可以独当一面了，却发现折磨我们的人和事情反而更多。

亲人、敌人、老板、同事、爱人、对手，他们有的是满怀善意，有的是心怀鬼胎，这些让我们又爱又恨的人们，在我们的生命中设置了一个又一个障碍，让我们不得不绷起精神，拼尽全力赶路。然而，当疲于应对的我们仍然追赶不上他们的速度，无法满足他们的要求时，我们难免焦虑抱怨，甚至感到痛苦万分，人生为何充满了挫折和无奈？甚至，有时觉得这些让自己不舒服的人应该统统消失不见。

是的，这些让自己不舒服的人是人生路途上预示着磨难的危险信号，他们会让我们感到羞愧愤怒、让我们咬牙切齿痛不欲生。然而，终有一天，当我们站在人生的下一个站台回望，所有曾经承受的委屈和压力都将释然，我们会发现，他们是我们发挥潜能、全力以赴的动力，让我们一次又一次突破自我，让我们的人生拥有了更多的可能，他们才是我们最应该感激的人。

任何事物都具有两面性，快乐是一种幸运，痛苦也是一种幸运，伤害过我们的人何尝不是我们生活中的福星。

20世纪80年代初，年逾古稀的曹禺已经是功成名就的戏剧大家。有一次美国同行阿瑟·米勒应邀来曹禺家做客，午饭前的休息时间，曹禺小心翼翼地从书架中间取出一个装帧极为讲究的小册子，上面装裱着画家黄永玉写给他的一封信，曹禺逐字逐句地把信的内容念给阿瑟·米勒听，神情庄重而语气激动。信中这样写的："我不喜欢你解放后的戏，一个也不喜欢，你的人不在戏里，你失去了伟大的灵通宝玉，你为势位所误！命题不巩固、不缜密，演绎分析不透彻，过去数不尽的精妙的休止符、节拍、冷热快慢的安排，那一箩一筐的隽语都消失了……"

事后，阿瑟·米勒撰文描述了他的迷茫："这封信对曹禺的批评，用字不多但却相当激烈，还夹杂着明显羞辱的味道，然而曹禺念信的时候却神情激动。我真不明白曹禺为什么恭恭敬敬地把这封信裱在专册里，并且又一脸虔诚地念给我听，他是怎么想的？”

阿瑟·米勒的茫然是理所当然的，毕竟，把别人羞辱自己的信件裱在专册里，这样的行为太过罕见，无法让人理解和接受。然而，曹禺之所以这样做，正是因为他拥有无上的品格——感恩，才会“猝然临之而不惊，无故加之而不怒”。心怀感恩，才会对别人的羞辱泰然处之；心怀感恩，才会把人家的批评作为赏赐，作为自己进步的阶梯。

在实际生活当中，打击与伤害我们的人，与关心和帮助我们的人一样应该受到我们的感谢。前者就像严冬，考验我们的意志，消除我们的骄气，扭转我们膨胀的恶习，让我们更深刻地思考自己的行为，采取更科学的方式生活。前者与后者，就像我们人生路上左右设置的沟谷，他们共同组成人生夹道的轮廓，是我们成长路上缺一不可的护佑神。

当然，要感谢伤害和批评过我们的人并不是那么容易的事，它需要有一定的胸怀和气度，需要我们有全面辨证的眼光。

然而，一旦理解与肯定了我们不喜欢的人与伤害我们的人是多么重要，一旦认识到他们对于我们的生活经验的积累是多么的必不可少，那么，我们怀抱感激的心态就很容易了，甚至是理所当然的了。

20世纪60年代，在《人民文学》、《人民日报》等报刊登出郭沫若的白话诗之后，刚从大学毕业分配到科学院电子研究所从事语言声学工作的陈明远，给郭老写了一封信，措辞尖锐严厉：“读完那些连篇累牍的分行散文，人们能记住的只有三个字，就是您这位大诗人的名字。编辑同志大概对您的诗名感到敬畏，所以不敢不全文登载，但是广大读者却对您的诗名寄托厚望，所以不能不表示惋惜，甚至因失望而导致嘲笑挖苦……”

郭沫若约见了陈明远，笑着问他：“假若你当诗歌编辑，我的诗稿落到你手里，你怎么处置？”

陈明远认真地想了一会，回答说：“对于您的来稿，我准备分三类处理。第一类，像《罪恶的金字塔》和《骆驼》这样的好诗，还有少数合格的，予以发表。第二类，有可取之处但尚须推敲斟酌的，提出具体意见退还于您，等改好了再用。第三类，诗味索然的，不要分行，当做散文、杂文对待。或者，干脆扔到纸篓里。只有这样，才是真正爱护您的诗句，也才对得起广大诗歌爱好者！”郭沫若听完哈哈大笑，连声说：“好！我要碰到你这样的编辑同志就好办了，真是求之不得哩！”

作为文化名人，曹禺、郭沫若对待他人的伤害与批评所表现出来的感恩态度是一种智慧和胸襟。其实，感恩也是一种处世哲学，它是生活中的一大智慧，它要我们怀着感恩之心从跌倒的地方爬起，更稳更自信地走下去。

其实，每个人的身上都会或多或少地存在一些惰性，这些惰性掩盖了我们身上的闪光点，让我们不知道自己其实能够做得更好，而让我们感到不舒服的那个人，往往能够激发出我们身上的潜能来，让我们超常发挥出自己的水平。

快乐是一种幸运，痛苦也是一种幸运，有了痛苦才让我们更加懂得快乐的内涵，才会更加珍惜所拥有的快乐时光。成功让我们欣慰，失败也同样让我们感到欣慰，因为它擦亮了我们的眼睛，让我们变得更加坚强坚毅。就如同我们应该感谢失败一样，我们也应该感恩于伤害过我们的人，因为他们像是一面照亮自己的镜子一样，照亮了我们人生前进的道路。

当我们感觉有些人是无法原谅的，或者对他的所作所为感到无法忍受，不要急着下结论，无论是何种原因的折磨，时间都会让它变得无足重轻，而经历了这些折磨的我们，会变得更加成熟，更加精明，更加优秀。这对我们而言，实在是非常宝贵的一笔财富，我们又有什么值得抱怨的呢？

感激中伤我们的人，因为他砥砺了我们的人格；感激伤害我们的人，因为他磨练了我们的心志；感激欺骗我们的人，因为他增进了我们的智慧；感激鞭打我们的人，因为他激发了我们的斗志；感激遗弃我们的人，因为他教导我们该独立；感激绊倒我们的人，因为他强化了我们的双腿；感激斥责我们的人，因为他提醒了我们的缺点。怀着一颗感恩的心，凡事感激，学会感激，感激所有使我们成长的人！

将打不倒的敌人当成朋友

感谢我们的敌人，他让我们的理想之湖激荡出壮美的浪花，他使我们和缓的心灵奏鸣出激扬的旋律，他为我们平淡的人生点缀了缤纷的色彩。

我们无时无刻不因为敌人的存在而恼火，费尽了心思想要战胜他。然而，我们却一直无法摆脱他的存在，他像一个无法醒来的噩梦一样缠绕着我们，我们始终未能体会到战胜他的喜悦，我们甚至无法忽视他的存在。对于这样一个必须要面对的敌人，其实我们完全可以把他当成最好的朋友。

把敌人当成朋友，我们才能摆脱负面情绪的困扰，不再因敌人的存在而让自己备受折磨；把敌人当成朋友，我们才能看到他身上的闪光点，从他身上广泛地吸收养料精华；把敌人当成朋友，我们才能以一种健康的心态，面对与敌人之间的微妙的竞争关系。

董志华不是没有感受到江伟对他的敌视态度，只是他总是假装不知道而已。他们同在这个竞争激烈的跨国公司工作，每个人都在顶着巨大的压力工作，尤其是两个实力相当的人在同一个部门工作竞争，难免产生“一山不容二虎”的现象。

江伟也是一个十分有才气的人，他的方案也常常让董志华刮目相看，为了与江伟相抗衡，董志华常常寝食难安。其实，董志华的存在同样也会让江伟感到不舒服，如果没有他的存在，江伟的压力也不会像现在这样大。董志华不喜欢张狂的江伟，但是，聪明的董志华更知道，江伟的存在反而让自己有了更多的成长空间。于是，董志华对待江伟的态度，多了一些朋友之间的宽容。

董志华对于江伟的优点如数家珍，江伟却常常对别人酸溜溜地陈述董志华的缺点。在这一点上，其实江伟就显示出了更多的小家子气，他封闭了自己前进的可能，而董志华不但没有整日像江伟一样心情沉郁，反而不断地吸收养料前进着。

眼看着董志华的成绩越来越好，江伟整日生活得惴惴不安，最后，他觉得自己实在无法胜任这个工作，递交了辞呈。他走的时候，董志华感到十分遗憾，他看着江伟落寞的身影，觉得自己需要一个新的对手了。

对于每一个人来说，所有曾带给自己挫折和磨难的人，都是生命里的一把双刃剑，他既可以磨砺自己的意志，激发自己的潜能，也可能让自己颓废绝望，丧失自我。他可能是清醒剂，让我们重新找到自我，奋发向上；也有可能是穿肠毒药，让我们就此一败涂地或彻底毁灭。

其实，我们的进步和成熟都离不开与敌人的较量，在这个危机重重、悬念迭生的过程中，会让我们逐渐积累迈向成功的能量，敌人对我们的推动作用往往要比我们的朋友迅速有效得多。把那个让自己耿耿于怀的敌人当做自己的朋友吧。学会和敌人共处，感谢他的存在，因为他是我们人生路上不可多得的宝贵财富。

草原上的羊群因狼的存在而不断繁衍壮大，森林中的树木也因对手众多而长得高大挺拔。在现实生活中，没有天敌的动物往往最先灭绝，腹背受敌的则繁衍至今。造物主没有让处处一帆风顺、事事顺心如意的人成为栋梁，所有被称为伟人的人无一不是历经重重困难，曾被视为命途多舛的人。

把敌人当成是自己最好的朋友，不要畏惧他的存在，更不要对他心存芥蒂，渴望敌人的出现吧，只有他才能让我们在人生的舞台上如鱼得水，成为真正的强者。

把敌人当做朋友一样相处，是每一个成功者不可缺少的品质，只有这样才能让我们了解敌人，打败敌人。正如很多人无法想象，为什么两个仇深似海的人也能坐下来喝茶聊天，其实这正是不可多得的胸怀和气量的体现。把对手当成朋友，才有可能最清晰地了解自己的弱点，掌握对手的心态，让自己在以后的较量中，不至于因为无所准备，而减轻了获胜的砝码。

王浩良，国内名校毕业，年纪轻轻就已经是一家上市的贸易公司老板，身边阿谀奉承者不计其数，到处都是对他的溢美之词，难免会让他产生一种满足感。

然而，商场如战场，转瞬间就被人抢占先机。有人收买了王浩良手下的得力员工，掌握了他们公司的商业机密。于是，抢在他们的前面，把他们的方案提前推出市场，这无疑给了王浩良一拳迎头重击，顿时让王浩良的公司陷入了困境。

曾经无限风光的人现在处处碰壁，王浩良在四面楚歌的情况下开始认真地思考，自己曾经看似成功的状况是多么的不堪一击。王浩良下定决心脚踏实地地从头再来，他认真研究别家公司的发展模式，丢弃了以前的自高自大，向他的对手们认真地学习。

这一前所未有的重创并没有打垮王浩良，反而让他更清醒地面对自己和身边的人，他把敌人当做朋友，广泛地吸收别家公司经营模式上的优势，把公司的规模越做越大，而用卑鄙手段盗取王浩良公司商业机密的那家公司，终于因不适应激烈的竞争环境而破产了。

商场上，没有永恒的朋友，当然也不存在永恒的敌人，敌人和朋友之间的关系常常是相互转化的，如果某个敌对的人让我们无法逃避却又头疼不已，那么，就试着把他当做朋友吧。在某种程度上和谐相处，反而会让我们与周围人的关系轻松不少，也会让竞争充满向上的意义。

不要为遇到对手而苦恼，不要对自己的敌人心怀抵触，体会敌人种种的珍贵之处，才能从心底里用朋友的态度对他。调整好对待敌人的心态，才能让我们真正拥有面对敌人乃至战胜敌人的智慧，这是我们人生路上必须迈进的一步。

聪明人斗智不斗力

智慧是勇气的翅膀，有勇无谋，是匹夫之勇，是鲁莽之勇，不足成事。只有智勇合一，有胆有识，方能笑傲群雄。

历史上许多的所谓谋士，都极力提倡在政治、军事的角逐中，要斗智不斗力。刘基曾经举了一个生动的例子：老虎的蛮力与人比较的话，超过的决不只是一倍，而且，老虎还有人类所没有的尖利的爪牙。如此的话，老虎吃人就应该没有可奇怪的了，虽然一般的人谈虎色变，可是老虎吃人的事情并不多见，倒是老虎常常被人类用来制成各种各样的用品。为什么会这样呢？刘基说原因在于：虎用力，人用智，虎自用其爪牙，而人用物。故力之用一，而智之用百。爪牙之用各一，而物之用百，以一敌百，虽猛不必胜，故人之为虎食者，有智与物而不用也。

我们在处世的时候也应该多“用智”、少“斗力”。在待人处世中，直言直语是一种典型的“斗力”，是一把伤人伤己的双面利刃，而不是劈荆斩棘的开山刀。有直言直语个性的人应切实注意以下两点。

1. 对人方面，少直言指陈他人处事的不当或纠正他人性格上的弱点，这不是爱之深、责之切，而是在和他过意不去。而且，你的直言直语也不会产生多少效用，因为每个人都有一个内心堡垒，自我缩藏在里面，你的直言直语恰好把他的堡垒攻破，把人家从堡垒里揪出来，他当然不会高兴。因此，能不讲就不要讲，要讲就拐个弯，迂回地讲，点到为止地讲，他如果不听，那是他的事！

2. 对事方面，少去批评其中的不当。事是人计划的、人做的，因此批评事也就等于批评了人，所谓对事不对人，也只是说说而已。除非一个人力量大、地位高，否则直言直语只会给自己带来麻烦！如果能改变事实，则这麻烦倒还值得，如果不能，还是闭上嘴巴吧！如果非讲不可，还是最好拐个弯，迂回地讲，而不是依靠蛮力，死钻牛角尖。

春秋时期，晋灵公为了贪图个人享受，耗费国家大量的人力、财力，强行胁迫大批的老百姓来为他建造高达九层的琼台。他怕臣子们阻挡，便事先下了道任何人都不得晋见及规劝的命令。

荀息得知此事，便跑来见晋灵公。灵公怕他是前来劝阻的，便命人拉起弓箭，等着他的到来，只要他一开口提起此事，就将他射死。

荀息一到，见到灵公已布置好了弓箭，知道情势已经十分紧张了。但他还是用轻松的语气和晋灵公说话：“我今天来拜见大王不为别的，只是为了能够让大王高兴，我要表演一个小技艺：我能将九个棋子堆起来，上面再加上十二个鸡蛋。”

灵公一听荀息是来表演的，立刻来了兴致，命人撤了弓箭。荀息深吸了一口气，平静了一下心绪，开始认真地堆棋子，然后又将鸡蛋一个一个地叠上去。别人担心鸡蛋会掉下来，都屏气凝神地观看，灵公也惊慌地连声高喊："危险！危险！"

到了这个时候，荀息才慢条斯理地解释说："这点儿危险不算什么，还有比这更危险的事情！为了建造九层琼台，三年的时间里，国内上下已弄得男不耕、女不织了。同时，国库早已经告罄，邻邦又要侵略我们，我们的国家随时都会灭亡了，难道不是一件很危险的事吗？不知道大王是如何打算的呢？"

这个时候，晋灵公如梦方醒，立刻下令停止造台工程。

在古代，由于封建皇帝的专制统治。臣子们多是不敢直言相谏的。但是一些正直的臣子还是会想出一些办法来，使自己的主张能够清晰地让皇帝了解并接受。运用一些灵活的手段来达到良好的目的，荀息做得非常出色。如果他直言相谏，可能就会遭受被射杀的厄运。

任何事情总有解决的方法，重要的是我们要掌握这种方法。现实生活中，我们在求人办事或给别人提建议的时候，也应该尽量避免直来直去，应该善于用智，灵活处事，学会说旁敲侧击的场面话，这样才能达到事半功倍的目的。

世上没有永远的仇人

人与人之间只有合作才能共同获益，互相扯后腿互相对立，对谁都没有好处。

原谅自己的敌人不是软弱，而是聪慧大度的表现。一个人如果想有好人缘，想在社会上吃得开，就要学会化敌为友、求同存异。这样才能扩大交际面、广泛进行合作，而更重要的是，大肚能容天下人，自己的路子才会越来越宽。

在一个市场里有两个紧挨着的摊位，左边的甲经营着肉类产品，右边的乙则专卖各种调料。按理说两人应当是井水不犯河水，但因为刚来时两家抢摊位发生过一次争执，所以两个摊主就结下了仇，谁看谁都不顺眼，经常互相找碴争吵。一次乙不小心碰歪了甲的肉案子，甲就不依不饶地大骂一通。正在这时，一个顾客要买几斤猪肉，甲刚要下刀切，乙就在一旁阴阳怪气地说起话来："要说买肉啊，还真得选对地方！听说现在有些不法商贩不是在猪肉里注水，就是拿没经过检疫的肉卖，不小心不行啊！"那个顾客听了这番话连忙朝甲摆手说不买了！甲气得把刀往案板上一摔，就跟乙对骂起来，闹到最后又动起了手。商场管理员把他们带走了，并按规定没收了他们的执照，把他们清理出市场，两人这时才开始后悔，何必把仇结得这么深呢，现在闹到两败俱伤，对谁也没好处啊！

甲乙二人的悔悟来得太晚了，如果他们能早点化敌为友，又何至于闹到如此下场。俗话说：多个朋友多条路，多个敌人多堵墙。人人都明白这个道理，但一旦别人得罪了自己，仍免不了耿耿于怀。看到那个人时，轻则如同陌路、视若无睹；重则似仇人相见，分外眼红。其实世上没有永远的仇人，报复心不利于人际交往，我们应该学着放弃仇恨，原谅自己的敌人。

一个人走在山路上，忽然看见有个皮袋子横在路中间，他走过去随便踢了一脚，可奇怪的是皮袋子不但没被踢开，反而还变得更大了。这个人很生气，就又狠狠踢了一脚，可皮袋子变得更大了。这个人在暴怒中一脚又一脚地踢过去，那个皮袋子竟然大得几乎把山路堵上了。正在这时，一个老人走了过来，说："年轻人，快放开它走你的路吧，它叫仇恨袋，你越想报复它，它便越大，你不理它，它自然就变小了。"

冤冤相报何时了，仇恨只会加深彼此的对立，加重生活的不安与忧虑，于人于己两不利。所以我们应当学会用大度和宽容去原谅敌人。

在一个偏远的山村，王姓与金姓两家是三代世仇，两户人家一碰面，经常演出全武行。有一天傍晚，老王与老金从集市里回来，碰巧在返村的路上遇见了。两个仇人一碰面，倒没有开打，不过，也各自保持距离，互相不答理对方。两人一前一后走在小路上，相距约有几米之远。

天色已经相当暗了，是个乌云蔽月的夜晚，走着走着突然老王听见前面的老金“啊呀”一声惊叫，原来是他掉进溪沟里了。老王看见后，连忙赶了过去，心想：“无论如何总是条人命，怎么能见死不救呢！”

老王看见老金在溪沟里浮浮沉沉，双手在水面上不断挣扎着。这时，急中生智的老王连忙折下一段柳枝，迅速将枝梢递到老金的手中。

老金被救上岸后，感激地说了一声“谢谢”，却发现，原来救自己的人居然是仇家老王。

老金怀疑地问：“你为什么要救我？”

老王说：“为了报恩。”

老金一听更为疑惑：“报恩？恩从何来？”

老王说：“因为你救了我啊！”

老金丈二和尚摸不着头脑，不解地问：“咦？我什么时候救过你啦？”

老王笑着说：“刚刚啊！因为今夜在这条路上，只有我们两个人一前一后行走。刚才你遇险时，倘不是你那一声‘啊呀’，第二个坠入溪沟里的人肯定是我了。所以，我哪有知恩不报的道理呢？因此，真要说感谢的话，那理当先由我说啊！”两人的双手紧紧握到了一起，山村生活重新恢复了平静。

人与人之间没有什么事是不能和解的，就像老王和老金一样，只要伸出和解之手，化解彼此心中的怨恨，就会减少一个敌人，多一个肝胆相照的好朋友。“如果有可能的话，不应该对任何人有怨恨的心理。”德国哲学家叔本华如是说。

| 第09辑 |

耍聪明不如装糊涂，世界美在雾里看花

人人都想做个精明人，认为那样为人处世不吃亏，其实他们想错了。人装糊涂胜过耍聪明，雾里看花世界会更美。所以，人在某些场合就必须放弃自己的明白，装装糊涂，这样更容易解决一些问题。

有些“精明”要不得，贵在“难得糊涂”

在生活或工作中，并不是什么时候都需要明明白白的，在某些特定的场合，出于某种特别的考虑，说得含糊一点儿效果反而更好。

清代文学家、书画家郑板桥，是一个潇洒落拓之人，在他的书扇上，经常篆着“难得糊涂”几个字。所谓“难得糊涂”实际上在有些人看来再简单不过了。正因为看得太明白、太清楚、太透彻，却又不想把其中滋味细细咂摸，因为倘若解释了，更生烦恼，于是便装起糊涂，或说寻求解脱之术。

现实世界中，有太多的事情直面我们的人生，有很多事我们不能太在意，太认真。特别涉及人情俗事，在这其中盘根虬结，犹如一棵老树之根，密密麻麻，令人望而生畏。太认真，不是扯着头发，就是动了筋脉，真是扯不断，理还乱。顺其自然，且顺其大意，不丧失原则和人格；或为了大家、为了自己的长远，哪怕暂时吃点苦，受点委屈，也值得。心中有数（树），就不是荒山。有时候，事情逼到了那个份上，就玩一次智慧，表面上给个“模糊数学”，让他人丈二和尚摸不着头脑，也是“难得糊涂”。

“难得糊涂”是既可避免直接的人情上的“嘘寒问暖”，又能保持人格纯净的妙方。“难得糊涂”并不是真的糊涂，而是将事情看得清清楚楚、明明白白，只是出于某种原因，不便于直截了当，这种情况下就要采取一定的糊涂战术。

清朝的嘉庆皇帝，登位后要处理不少前朝遗留下来的问题，其中就有准备破格提拔几位大臣的问题。这几个大臣，曾为父王做过贡献，却被奸臣排挤、打击。但在皇朝之中，这样的事情可不是儿戏，群臣反应不一。嘉庆拿不定主意，便问老臣纪昀。纪昀沉吟良久，说：“陛下，卑职从官数十年，承蒙先帝错爱，一直兢兢业业，从未有人敢以金钱贿赂我；写经著述，也不收厚礼，什么原因呢？这只是因为我不谋私枉法。但是，却不是没有例外，若是亲友有丧，要求老臣为之点主或作墓志铭，他们所馈赠的礼金，不论多少厚薄，老臣是从不拒绝的。”

嘉庆听完纪昀的话，先是费解，感觉摸不着头脑。自己品味，却又点头称许，于是下了决心去提拔这批官员。

这是怎么回事呢？原来纪昀以混话之词，提出自己的观点，建议皇上应该放下包袱，大胆去做。纪昀的话，看起来词不达意，但细究起来里面确实大有文章。既然为官清廉，为什么对亲友之丧事点主、作铭所得概不拒绝呢？这是因为秉承祖宗遗愿，无所顾忌之故也。皇帝破格提拔这些官员，本就是造福大清江山，维护社稷所需，不也是弘扬先帝的德化，还有什么顾忌的呢？这不正和纪昀的做人道理一样吗？嘉庆皇帝也不是笨蛋，哪能悟不出纪昀的话中话呢？

纪昀说话为何如此遮遮掩掩？原因是有很多的：虽然自己的主张是建议破格提拔这些官员，但不好说明，新皇上是什么个态度心里还没底，此意见是否被采纳，名义上都与自己无关，皇帝也好，其他人也好，抓不着把柄；嘉庆皇帝历来聪明，而且有好擅作主张的性格。如果不说，皇上会不高兴，认为自己不尊重他的问题。倘若说白了，恐有教导皇帝、教唆皇上的忌讳，反而会起副作用。不如用此模糊之法，让皇帝自己“悟”出道理来，既说出了自己的意见，又迎合了皇帝的秉性。纪昀此举，看似圆滑，其实在勾心斗角的朝廷里面，真是一次一举两得的糊涂。

“难得糊涂”是一种境界，其实也是一种无奈的慨叹之词。这个世界，原本就是有不公平的，从出生的时候就是注定了。长大了，知道的多了，难免会发出牢骚之气。世道不公，人事不公，待遇不公，要想铲除种种不公，自己一人之力难成事，可笑可叹。或自己无能，那就只好举起这面“糊涂主义”的旗帜，为自己遮盖起心中的不平。假如能像济公那样任人说他疯，笑他癫，乐得逍遥自在，照样酒肉穿肠过，照样嘻哈玩乐，“哪里有不平哪有我”，专捡达官显贵“开涮”，专替穷人、弱者寻公道，我行我素。这种癫狂，半醒半醉，亦醉亦醒，也不失为一种“糊涂”。所以当我们直面现实，冲和淡然的心态是很重要的，“笑天下可笑之人，容天下难容之事”，那就会进入一种超然的境界。

糊涂处世，聪明多被聪明误

充分地认识自己，明确自己的能力，面对问题冷静判断，量力而行，这才是聪明人应该做的。

谁都希望自己是一个非常聪明的人，绝大多数人也都希望能够在众人面前表现出自己的聪明才智，从而得到人们的认可。可是事实上，真正意义上的聪明人几乎是没有的，而本不聪明却要自作聪明的人，却是随处可见，比比皆是。

三国时期，杨修在曹操手下任主簿，起初曹操很重用他，杨修却处处耍小聪明。例如，有一次有人送给曹操一盒酥，曹操吃了一些，又盖好，并在盖上写了一个“合”字，大家都不明白这是什么含义，杨修见了，就拿起匙子和大家分吃，并说：“这‘合’字是叫一人吃一口啊！”还有一次，建造相府，造好大门后曹操亲来察看了一下，没说话，只在门上写了一个“活”字就走了。杨修一见，就令工人把门改窄。别人问为什么，他说门中加个“活”字不是“阔”吗，丞相是嫌门太大了。这样一来，曹操就讨厌杨修每次都猜出自己的心意了。

建安二十四年（公元219年），刘备进军定军山，他的大将黄忠杀死了曹操的大将夏侯渊，曹操亲自率军到汉中和刘备决战，但战事不利，前进困难重重，撤退又怕被人耻笑。一天晚上，护军来请示夜间的口令，曹操正在喝鸡汤，就顺便说了“鸡肋”，杨修听到以后，便不等上级命令，教随从军士收拾行装，准备撤退，从而影响了军心。曹操知道以后，杨修还辩解说：“魏王传下的口令是‘鸡肋’，可鸡肋这东西，弃之可惜，食之无味，正和我们现在的处境一样，进不能胜，退恐人笑，久驻无益，不如早归，所以才先准备起来，以免到时慌乱。”曹操一听，大怒道：“你小子怎敢造谣乱我军心！”于是喝令刀斧手，推出斩首，并把首级悬挂在辕门之外，警戒三军。

对于曹操斩杨修，一般人们会认为是曹操心眼小，借机杀人。其实关键是杨修聪明过头。世上有真聪明与假聪明之分。可惜的是有些人属于假聪明，却并不自知，其结果可想而知。杨修就是这样，经常不看场合，无视别人的好恶，只管卖弄自己的小聪明。结果越来越遭人讨厌和憎恨，为自己招来了杀身之祸。虽然曹操事后不久果真退了兵，但平心而论，杨修之死也确实罪有应得。试想两军对垒，是何等重大之事，怎么能根据一个口令，就卖弄自己的小聪明，随便行动呢？即使真的撤军，也要用正面的语言和行为来表达，不然会军心大乱。而军心是军队的命根。这是最起码的军事常识，但杨修违背了，岂不是自寻死路？

在我们的人生历程中，不难看到类似的情形。每个人都想表现得很聪明，但如果一个人老要小聪明就成了一种愚蠢。在面对人生际遇时，切勿自作聪明，而要学学糊涂。

如果真的想表现得比其他人更聪明一些，那么就应该对自己有一个自知之明，没有必要总是要向他人强调自己的聪明，更没有必要利用所有可利用的以及不可利用的机会向众人表现自己的聪明。

大智若愚，大巧若拙

糊涂可以成就大事业，能经受时间考验；聪明只能带来一时的成功，总有机关算尽的时候。

大凡立身处世，是最需要聪明和智慧的，但聪明与智慧有时候却依赖糊涂才得以体现。郑板桥说：“聪明有大小之分，糊涂有真假之分，所谓小聪明大糊涂是真糊涂假智慧。而大聪明小糊涂乃假糊涂真智慧。所谓做人难得糊涂，正是大智慧隐藏于难得的糊涂之中。”

从理论上讲，一个人的智商高出普通人的正常值，这样的人就是我们生活中常说的聪明人。然而，顺着这个逻辑，我们会发现很多成功人士并不绝顶聪明，相反，他们可能还有些笨。有个统计数字显示，成功人士中最多只有不超过10%的人智商超群，其余90%的智商绝对只是普通人水平。但是，他们成功了。为什么会这样呢？原来，成功人士更重视智慧。

生活中，聪明与智慧是两回事，聪明是一种先天的东西，总令人感到聪明人的光辉，但往往这种表面的光芒，不能令聪明人成功，所以我们经常看到很多被认为聪明的人往往一事无成。

而智慧就不同了，有智慧的人未必聪明，如寓言“塞翁失马”中的塞翁，“愚公移山”中的愚公，他们眼里看见的不是即时的利益，而是日后的好处，因为日后的大利，他们肯去吃眼前的苦。这样的人肯定不是聪明人，但他们却是有智慧的人。

美国总统威尔逊小时候比较木讷，镇上很多人都喜欢和他开玩笑，或者戏弄他。一天，他的一个同学一手拿着1美元，一手拿着5美分，问小威尔逊会选择哪一个。

威尔逊回答：“我要5美分。”

“哈哈，他放着1美元不要，却要5美分。”同伴们哈哈大笑，四处传说着这个笑话。

许多人不信小威尔逊竟有这么傻，纷纷拿着钱来试。然而屡试不爽，每次小威尔逊都回答“我要5美分”。整个学校都传遍了这个笑话，每天都有人用同样的方法愚弄他，然后笑呵呵地走开。

终于，他的老师有一天忍不住了，当面询问小威尔逊：“难道你连1美元和5美分的大小都分不清吗？”

“我当然知道。可是，我如果要了1美元的话，就没人愿意再来试了，我以后就连5美分也赚不到了。”

你看，威尔逊只是不愿把心思放在贪图小利的小聪明上，而只着眼于智慧。生活中，智慧和聪明就像主人和仆人的关系。主人没有仆人的协助，会显得非常笨拙狼狈，缺乏效率。但再聪明的仆人都还是仆人，他不可能是主人。仆人需要主人的方向，没有主人的仆人，等于失去了用处。因此，我们必须通过实践去把聪明转变成智慧，在智慧的基础上行动，从而能够事半功倍。当然，聪明不是错，更不是罪，关键是要用好自己的聪明，把聪明转化为智慧。这样，才能为自己的人生锦上添花，而不会让它成为美丽的泡沫。

为人处世不要太精明

生活中，人们需要傻瓜精神。傻瓜精神是一种智慧的处世方法，有傻瓜精神的地方往往会发生奇迹。

一般说来，生活中精明人有精明的算计，傻瓜自然也有傻瓜的办法。傻瓜对许多事是不过心的，缺乏精明人的一些算计和设想。不过，算计和设想虽是好事情，可好事情的另一面常常就是陷阱，就造成人的过失。而傻瓜缺乏那样的算计，就避免了那样的算计，更避免了那样的过失，也就无陷阱可言。傻瓜不会过分注意身边的潜在危险和可能要失去的东西，所以他们往往对事物并不主动出击，这样既不会使危险扩大，又能最终成就一番事业。

在电影《阿甘正传》中，主人公阿甘在人们的眼中一度像个白痴一般，但是他却干出了伟大的事业。阿甘出生在美国南部阿拉巴马州的绿茵堡镇，由于父亲早逝，他的母亲独自将他抚养长大。

阿甘不是一个聪明的孩子，小的时候受尽欺侮，他的母亲为了鼓励他，常常这样说："人生就像一盒巧克力，你永远也不知道接下来的一颗会是什么味道。"他牢牢地记着这句话。在社会中，阿甘是弱者，他几乎没有能力掌控自己的生活。于是，他选择命运为他做出安排。

阿甘的智商只有75，但凭借跑步的天赋，他顺利地完成大学学业并参了军。在军营里，他结识了“捕虾迷”布巴和神经兮兮的丹·泰勒中尉。随后他们一起开赴越南战场。战斗中，阿甘的小分队遭到了伏击，他冲进枪林弹雨里搭救战友，丹中尉命令他乖乖地待在原地等待援军，他说：“不，布巴是我的朋友，我必须找到他！”虽然最终没能挽救布巴的生命，但至少，布巴走时并不孤单。

战后，阿甘决定去买一艘捕虾船，因为他曾答应布巴要做他的捕虾船的大副。当他把这个想法告诉丹中尉时，丹中尉笑话他：“如果你去捕虾，那我就是太空人了！”可阿甘说，承诺就是承诺。终于有一天，阿甘成了船长，丹中尉当了他的大副。

阿甘和女孩珍妮青梅竹马，可珍妮有自己的梦想，不愿平淡地度过一生。于是，珍妮让阿甘离自己远远的，不要再来找她，可阿甘依旧会在越南每天给珍妮写信，依旧会跳进大水池里和珍妮拥抱。珍妮说：“阿甘，你不懂爱情是什么。”阿甘说：“不，虽然我不聪明，但我知道什么是爱。”珍妮一次又一次地离开，但阿甘从未放弃过她。最终有情人终成眷属。

傻瓜的天性里含有一种自然的忍让、宽容和视而不见，是一种精明人很难做到的事情。傻瓜由于自身的特点，目光往往是不够尖锐的，这样也就没有那么多的挑剔。一个不去挑剔生活和别人的人，是幸福的。而生活中的糊涂就是这样。

曾读一篇妙文，其中有句话恰好道出了其中奥妙：“天下最傻的人，是把别人当傻子的人！”阿甘的成功，从某种意义上说，拜赐于他的傻、不计较输赢得失。阿甘总是那么快乐、那么勇敢，我们以为他不知道自己和别人不同，没想到，原来他一直都承受着因歧视而带来的痛苦，从而不希望他的孩子同自己一样，原来他不是不知道，只是装糊涂，不计较。

装聋作哑可以息事宁人

有些事情，非要较真儿，就会愈加麻烦，相反若装痴作聋，来个“难得糊涂”、“无为而治”，也许会有满意的结果。

应变，不一定就是快人快语、一语中的而解决问题。在某些时候不作反应、装聋作哑，反倒是一种最恰当的处世技巧，事情反倒可能解决得更圆满而不露痕迹。

战国时期，楚庄王亲自统率大军出外讨伐，结果大获全胜。班师回京城时，百姓夹道欢迎，盛况空前。为了庆贺赫赫战功，庄王在渐台宴请群臣。文武百官谈笑风生，无不喜形于色。庄王举杯祝贺，与众卿同欢共乐，并召来殡妃和群臣同席畅饮。

此时，渐台上钟鼓齐鸣，歌舞不断，人们猜拳行令，兴致极高，不知不觉中日落西山。可是庄王兴犹未尽，遂命点起蜡烛夜宴，又命宠妃许姬斟酒助兴。

不巧，忽然刮来一阵大风，蜡烛都被吹灭。黑暗中，一个人趁着混乱，竟然拉住了许姬的衣袖。

许姬恼怒，又不便声张，挣扎之中衣袖被撕破。直到她机警地扯断那人帽子上的缨带，那人才惊慌地溜掉。许姬走到庄王跟前，附耳报告了实情，并请庄王查办那个色胆包天之人。

庄王听罢，沉吟片刻，吩咐左右先不要点蜡，然后命令众卿解开缨带，摘下帽子，纵情畅饮。群臣闻言，纷纷解开缨带，摘下帽子，这时庄王才命人掌灯点烛。在烛光之下，但见群臣绝缨饮酒，已无法辨认谁的缨带被扯断了。庄王就像没发生这件事一样，与众人饮至深夜方散。后来，庄王再也没有提起此事。

又过了几年，庄王出兵伐晋，命襄老为前军统帅。襄老回到营地后，召集属下商讨策略。其部将唐狡请命，愿为大军开道，不获全胜不返营。于是，唐狡只带几百名亲兵，连夜奔袭而去。由于唐狡骁勇善战，晋军被杀得落荒而逃。庄王的后续大军竟一路未遇到一个阻兵，直取郑国都城荥阳。

庆功会上，庄王称赞襄老用兵神速，勇敢非凡。襄老却说："实非老臣之力，而是部将唐狡孤胆制敌的功劳。"

庄王遂召见唐狡，并当众加倍赐赏。唐狡忙跪下道："臣受君王之恩赐已经很厚了，哪敢再领赏呢？"庄王惊讶道："寡人并不认识你，怎么说受过我的赏赐呢？"唐狡愧色满面，低声谢罪："绝缨夜宴扯住美人衣袖的就是我。大王不追究我的死罪，我一直感激你，没有一天忘了这事，所以这一次我率军进攻，是准备以死相报。"

在场的大臣听了，才恍然大悟为什么庄王命令人们解缨摘帽，一时间对庄王的做法，都非常敬佩。襄老不禁赞叹道："倘若当初君王不能容人之过，谅解别人，而是在绝缨夜宴上明烛治罪，又怎能得到唐狡拼力死战呢？"

庄王面对突如其来的变故没有小题大做，而是以平静的语气命大家一起解缨摘帽、息事宁人。无独有偶，唐代宗算不得一个明君，但他也曾以不变应万变的说话方式，施展装聋作哑术，平息了一次不大不小的纷争。

唐代宗时，郭子仪在扫平安史之乱中战功显赫，成为复兴唐室的元勋。因此唐代宗十分敬重他，并且将女儿升平公主嫁给郭子仪的儿子郭暖为妻。这小两口都自恃有老子作后台，互相不服软，因此免不了口角。

有一天，小两口因为一点小事拌起嘴来，郭暖看见妻子摆出一副臭架子，根本不把他这个丈夫放在眼里，说："你有什么了不起的，就仗着你父亲是皇上！实话告诉你吧，你父亲的江山是我父亲打败了安禄山才保全的，我父亲因为瞧不起皇帝的宝座，所以才没当这个皇帝。"在封建社会，皇帝唯我独尊，任何人想当皇帝，都可能遭到满门抄斩的大祸。

升平公主听到郭暖敢出如此狂言，感到一下子找到了出气的机会和把柄，立刻奔回宫中，向唐代宗汇报了丈夫刚才这番图谋造反的话。她满以为，皇父会因此重惩郭暖，替她出口气，而唐代宗听完女儿的汇报，不动声色地说："你是个孩子，有许多事你还不懂。我告诉你吧：你丈夫说的都是实情。天下是你公公郭子仪保全下来的，如果你公公想当皇帝，早就当上了，天下也早就不是咱李家所有了。"并且对女儿劝慰一番，叫女儿不要抓住丈夫的一句话，乱扣"谋反"的大帽子，小两口要和和气气地过日子。在皇父的耐心劝解下，公主消了气，回到了郭家。

这件事很快被郭子仪听到了，可把他吓坏了。他觉得，小两口打架不要紧，儿子口出狂言，几近谋反，这着实叫他恼火万分。郭子仪即刻令人把郭暖捆绑起来，并迅速到宫中面见皇上，要求皇上严厉治罪。可是，唐代宗却和颜悦色，一点儿也没有怪罪的意思，还劝慰说："小两口吵嘴，话说得过分点，咱们当老人的不要认真了。不是有句俗话嘛，'不痴不聋，不为家翁'，儿女们在闺房里讲的话，怎好当起真来？咱们做老人的听了，就把自己当成聋子和傻子，装作没听见就行了。"听到老亲家这番话，郭子仪的心里就像一块石头落了地，顿时感到十分轻松，眼见的一场大祸化作芥蒂小事。

小两口关起门来吵嘴，在气头上，可能什么激烈的言辞都会冒出来。如果较真儿，就将家无宁日。杀人不过头点地，自己又能得到什么好处？唐代宗用"老人应当装聋作哑"来对待小夫妻吵嘴，不因女婿讲了一句近似谋反的话而无限上纲、大动杀机，而是化灾祸为欢乐，使小两口重归于好。他的这笔利弊得失的账算得很明白。有些事情，非要硬去较真儿，就会愈加麻烦，相反若装痴作聋，来个"难得糊涂"、"无为而治"，也许会有满意的结果。唐代宗对郭子仪说的那番话圆滑老练之至，说明其说话的修养已达相当高深的境界。

守拙若愚比聪明更胜一筹

大凡立身处世，是最需要聪明和智慧的，但聪明与智慧有时候却依赖糊涂才得以体现。所谓做人难得糊涂，正是大智慧隐藏于难得的糊涂之中。

人生是个万花筒，人在变幻之中要用足够的聪明智慧来权衡利弊。但是，有时候不如以静观动，守拙若愚，这种做人的艺术其实比聪明还要胜出一筹。聪明是天赋的智慧，糊涂是聪明的表现，人贵在能集智与愚于一身，需聪明时便聪明，该糊涂处且糊涂。

秦汉时期的著名谋略家陈平年轻时，在一次战役中失败后，独自一人带着宝剑逃亡，摆渡陈平过黄河的船夫，见他狼狈的样子，猜到他是逃亡的将士，认为他身上一定带了不少金银财宝，顿起杀机。陈平看出了船夫的企图，虽然很害怕，但仍然沉着应付，主动脱下上衣，光着膀子帮船夫撑船，船夫见他没有财宝，便打消了杀人的念头。

船夫送一个客人过长江，见客人用黄色的金杯喝酒，起了歹意，其实，客人用的是黄铜杯子，根本不是金杯。客人对船夫异样的眼光也有所察觉，于是为了防止万一，随着船的颠簸故意将杯子扔进江中。船夫见失落了金杯，感到十分惊讶和惋惜。客人趁机解释说："这是一只黄铜杯，掉到江里没什么可惜的。"客人的机智使自己免除一场杀身之祸。

在不便直言的情况下，委婉地点拨几句，让听者明白自己话里的真实意图，这就是揣着明白装糊涂。

唐太宗的长孙皇后很贤惠，有时还帮助唐太宗处理政务。长孙皇后死后，唐太宗厚葬了她，并将陵墓命名为昭陵，为寄托深深的思念之情，唐太宗还令人在宫中搭建了一座很高的楼台，稍有闲暇便登上楼台远眺昭陵。

一天，唐太宗带领魏征等大臣一起登上楼台，眺望了一会儿，唐太宗问魏征："爱卿看到昭陵了吗？"

魏征揉揉双眼，看了半天，说道："皇上，臣老眼昏花，实在看不见啊！"

唐太宗心想：岁月不饶人，魏征真的是老了！于是，他很有耐心地指给魏征看。

魏征又看了看，对唐太宗说："臣刚才以为皇上是让我看献陵（唐高祖李渊的陵墓），若是看昭陵，臣还是能看见的。"

唐太宗听了，深感惭愧，下令拆除了宫中的这座楼台。

在这里，魏征借口自己眼花，点出了唐太宗父亲的陵墓名称，暗中告诫唐太宗：不该只思念自己的妻子，更要思念作为开国元勋的父亲。魏征虽然以直言相谏而闻名，但他也深知不能过于冒犯皇上。唐太宗心照不宣，明白了魏征的用意，立即改变了以前不合适的做法。

老子推崇"糊涂"。他自称"俗人昭昭，我独昏昏；俗人察察，我独闷闷"。而作为老子哲学核心范畴的"道"，更是那种"视之不见，听之不闻，搏之不得"的似糊涂又非糊涂、似聪明又非聪明的境界。人依于道而行，将会"大直若屈，大巧若拙，大辩若讷"，即大智若愚。庄子说："知其愚者非大愚也，知其惑者非大惑也。"人只要知道自己愚和惑，就不算是真愚真惑。是愚是惑，各人心里明白就行了。

| 第10辑 |

记在心里不如忘干净，放下让人生更快乐

我们常会看到这样的现象：有些人记忆力特别好，曾经的鸡毛蒜皮小事和恩恩怨怨他全部都如数家珍，不肯遗忘，结果自己让自己不开心。记在心里不如忘干净。不该记住的绝对不要记在心里，因为忘记让人生更轻松。

忘记是快乐生活的开始

人生有太多意外，如果一切都无法避免，那我们不妨挥一挥衣袖，学会淡忘。淡忘过去，淡忘痛苦，淡忘所有应该淡忘的一切。

茫茫人海中，抱怨痛苦的人多，宣称快乐的人少：穷人为衣食的缺失而终日忙碌，富人为金钱买不到快乐而伤心不已，老人为身体的病痛折磨而叹息，小孩子为没有自由而烦恼伤心，似乎人活在世上，总是痛苦的时候多，快乐的时候少。

快乐真的离我们这么远吗？并非如此，那是因为没有学会淡忘。淡忘是拥有快乐的一条捷径，只有学会淡忘，人才能超越自身的束缚，释放出最大的能量，才会创造原先不曾创造的奇迹，才会真正拥有幸福。

古时候有位军医，随着军队辗转南北，负责救治战场上的伤员。

他的医术很高，被他治愈的伤员数不胜数。但随着时间流逝，他发现越来越多的伤员都是熟悉的面孔。

原来，他治疗的许多病人往往刚刚痊愈，随即又投入战场继续作战，于是便又有再次伤亡。这种情况往复多次以后，他开始思考这样做的意义：如果伤员命中注定要死，又何必我来将他救活；如果我的医疗是有意义的，那么他为何又去战死呢？一想到这些，他觉得自己的工作毫无价值。于是心神不定，精神恍惚。天长日久，他的精神终于开始崩溃了。他不明白当军医有何意义，心里乱得无法继续工作……。

后来，他向一位世外高人求助。他跟随高人在山上住了几个月，过着那种“闲看庭前花开花落，漫随天外云卷云舒”的逍遥日子，终于找到了问题的症结所在，解开了这个困扰他已久的思想疙瘩。

于是，他便下山再次行医。每当遇到伤病员熟悉的面孔时，他便对自己说：“因为我就是医生啊！其他的我不用管啊！”只此一句，烦恼全无，他又再次投入工作中。

可见，人生中的烦恼，有很多是因为自己患得患失造成的。

就像故事中的那个医生，他能够将士兵从伤病中抢救过来，使他们痊愈，但却没有权力不让他们再去冲锋陷阵，而一旦去冲锋陷阵伤亡就是难免的；作为一个战士，冲锋陷阵是他的使命所在，医生根本无力改变这一切。作为医生只要医好自己的每一位病人就可以了，如果顾虑太多，“想”得过多，最终只会把自己搞得太累，痛苦不堪。

人生正是如此，很多时候，我们总是在为自己无力改变的事情伤心不已，钻进了精神的死胡同，孰不知万物都有自己的规律，事情的出现也有它自身的法则，如果自己力所不能及，不妨学会放下。

一个女孩莫名其妙地被老板炒了鱿鱼。老板要她下午到财务室结算工资。中午，她坐在公园的长椅上黯然神伤。突然，她发现一个小孩子一直不走，便奇怪地问：“你站在这里干什么？”

“这条长椅刚刚刷过油漆，我想看看你站起来的时候背是什么样子。”小家伙说。

女孩怔了怔，笑了。

忽然，女孩恍悟：如同这双天真烂漫的眼睛想看到我背后的油漆一样，她昔日那些精明世故的同事也想要偷窥到她的颓败、落魄和失意。她绝不能在丢失了工作的同时，也丢失自己的笑容、风度和尊严。选择和被选择不过是现在这个世界上时时刻刻都在发生着的最平常不过的事情，这个事情对于她的惟一意义便是提醒她必须找出一个更适合自己的工作方式。

她决定淡忘这暂时的挫折，用平常心面对生活。短暂的自我调整之后，她又拥有了开朗。

于是，那天下午，同事们心照不宣地纷纷出来和她打招呼的时候，看到的是一张比平时更加平静美丽的面容，同事们都惊讶不已。

可见，与其无力挽回，不如把它看淡。淡定，有时会让对手更加震撼。

人生在世，意想不到的事情有太多：名利的得失和荣辱的毁损，无端的误解和不公正的际遇，无中生有的流言蜚语和小道新闻……如果这一切都是不可避免的，那我们不妨学会淡忘，淡忘所有应该淡忘的一切，这样可以让我们去除很多不必要的烦恼。淡忘曾经的仇恨，将帮助我们开辟另一条通往成功的大道，淡忘身边的一切，将收获人生更多的幸福。

忘记痛苦，让快乐常伴左右

懂得忘记的人，会用一种淡定而从容的心态去面对生活的纷扰；懂得忘记的人，会珍惜身边的幸福，让快乐常伴左右。

人有记忆的本领，这是上苍对人类的馈赠，可同时它又是一把双刃剑：对心胸宽阔的人来说记忆是最好的礼物，对心胸狭窄的人来说则是对自己的折磨。因为豁达的人记住的是别人的美好和善举，而狭隘的人只会拿曾经的痛苦往事折磨自己。

所以，忘记并不代表冷漠，有些不该记住的痛苦，如果常留心间，只会徒然伤了自己。过去的是非恩怨，过去的伤害误解，不过是一片流云隐隐，轻轻拂去它，剩下的都是快乐。

谭恩美是美籍华裔女作家，她的作品生动感人，温婉的语言每每触及读者的灵魂。可是，没有人相信，在谭恩美16岁的时候，她曾用充满仇恨的话语喊道："我恨你！我恨不得你死掉……"而站在她面前听她喊叫的是她的母亲。

在谭恩美的记忆中，少年时与母亲的争吵似乎一直在持续着，每次争吵之后，母亲都会露出一个近乎疯狂的扭曲微笑，然后在喘息中大声嚷道："好啊！我也许是该死掉，这样我就不用当你妈妈了！"然后在接下来的日子里，母女俩以冷战相对，冷战结束后，依然是争吵。

最让谭恩美受不了的，是母亲经常在别人面前批评、羞辱她，禁止她做某些事情。哪怕谭恩美有充足的理由，母亲不要理由，只会批评。这让谭恩美暗自发誓：永远不忘记这些委屈！要让自己的心硬起来，像母亲那样！

30年后，谭恩美意外地接到了母亲的一通电话，这让她惊讶万分，因为母亲患上老年痴呆症已经3年多了，她忘记了许多人、许多事，甚至无法讲出连贯的话语。

但话筒那边确实是母亲焦急的声音："恩美！我的脑子出问题了！"恩美屏住了呼吸。

"我觉得很多事我都记不得了，昨天我做了什么？对你做了什么？我不记得很久以前到底发生过什么事……"母亲说话的时候好像一个溺水的人，挣扎着，却发现自己越陷越深。

"你不要担心！"恩美终于能说出话了。

"不！我知道我做过一些伤害你的事情！"母亲狂乱地叫起来。

谭恩美马上回答："你没有，真的，别担心。"

"我真的想不起来了！但我知道，我做过一些可怕的事情……我只想告诉你……我希望你能像我一样把它忘掉。"

"真的没有，别担心。"谭恩美只能重复这几个字，因为她哽咽着，她不想让母亲听出来。

"真的吗？"母亲平静了一些，"好吧，我只是想让你知道。"

挂上电话，谭恩美大声哭了出来，既伤心，又幸福。

6个月后，母亲故去了。她及时把最能抚慰人的话留给了女儿，好似拨开云雾后那开阔、湛蓝的天空。"遗忘掉仇恨和痛苦，铭记住亲情与关怀，这才是人生最重要的。"谭恩美在母亲的葬礼上如是说。

可见，忘记是对痛苦的一种解脱，是对伤害的一种抚慰，是对自我的一种释放。"往事如烟俱忘却，心底无私天地宽"，在人生的旅途中，要学会让那些伤心事、烦心事、累心事抛之脑后，让心中曾经不快乐的印记消失殆尽。

有人说人心如杯，不倒去旧水，就无法盛装新水。生活也是如此，如果不愿意舍弃过去，忘记曾经的痛苦，就无法让心灵成为一个空杯，无法承载新的生活。很多时候，生活不再精彩，不是因为生活反复无常，而是因为人们背负的太重。所以忘记痛苦，倒空旧水，就会发现空杯原来可以容纳更多美好的甘醇。

忘记痛苦，需要加强心灵承受能力的锻炼，做一个内心足够强大的人。要以宽心示人，心系眼前事，挂念眼前人，宁静致远；还要经常进行自我心理调节，想宽一点，想远一点，想开一点，从无足轻重的个人恩怨中解脱出来，对已经和现在没有任何关系的往事，要糊涂一点，淡化一点，宽容一点，不要让它们在记忆中占有位置。

所以，沉湎于痛苦的朋友们，要知道天下没有不可谅解的过错，没有不可忘却的烦恼。当所有的痛苦在心灵的微笑中悄然而去的时候，被怨恨捆绑的心便会在这一刻获得最灿烂的绽放。忘记痛苦吧，清除头脑中所有不愉快的记忆，还心灵一片自由的空间，让快乐常伴左右！

放得下，快乐才来得了

人生在世，有些事情不必在意，有些事情必须清空。只有懂得放下，我们的心灵才能腾出空间，盛装真正属于自己的快乐。

在这个世界上，痛苦的人多，快乐的人少：有了房子要车子，有了车子要票子，有了票子要折子，有了折子还不够，还要寻找刺激。似乎人的本性就是这样，永远忙碌，永不满足。近在咫尺的东西大家往往视而不见，非要辛苦地去追逐那些遥不可及的东西，可是一回头，发现身边拥有的又不见了，于是追悔莫及，伤心不已。

在这个世界上，为什么有的人活得轻松，有的人活得沉重？前者是因为放得下，后者是因为放不下。每个人都会经历一些事情，悲伤的或快乐的，痛苦的或沉重的，智者会将往事提炼成一种经验、一种智慧，而狭隘的人却把这些压在心头，成为一种负担，一种累赘，一味去追究、较真，他们对过去的事情不能放下，既伤害了自己，也伤害了别人。

小美和小张是幸福的一对儿，结婚两年他们从没争吵过一次。在他们的共同努力下，买了一套新房。

在收拾东西搬家那天，小美无意中发现了丈夫小张以前的日记本。好奇心驱使小美翻开了小张那本大学时的日记本。小美从中得知了小张与前女友的种种事情。小美很气愤，拿此事质问小张，还不断地向小张逼问他与前女友的详细情况。可时隔多年，小张哪里还能详细地回忆起以前的种种事情。为了此事，夫妻二人开始了一次次的红脸争执。从此，他们的幸福生活被打破了。

小美走到哪里，都会想自己的丈夫以前和他的女朋友来没来过这里。小美的生活中多了个自己想象出来的“第三者”，她再也无法和小张平静地生活下去，最后，小美竟然提出要和小张离婚。

可见，不懂得放下，不懂得变通，快乐没有了，婚姻也亮起了红灯。小美的悲剧是她不懂得放下惹的祸。过去的事情已经过去，我们大可不必再抓着不放，对待过去最好的态度是放下，我们不要总是活在过去里重复着痛苦，或在回忆中浪费时间。过去是无法把握的，但现在却是主动的，把握好现在，我们才可以活得轻松，才会感受到快乐的存在。正像有首歌里唱得那样“过去的事不再想，因你现在不算老，还有什么放不下，请你还把歌儿唱……”

杰克·登普西是美国前拳击运动员，他曾是1919-1926年的世界重量级冠军。在与吉内·腾尼的一次比赛中，登普西被腾尼击败，他并不甘心。不久后，登普西再次与腾尼对垒。比赛中登普西将腾尼击倒，但没有及时地回到拳台边角。裁判让登普西回到边角后才开始给滕尼数点，这使滕尼多休了4秒，比赛的最终结果是腾尼得分获胜。

这次比赛使登普西把“世界拳王”的称号输给了滕尼。面对这样惨痛的结果，登普西对自己说：“我不打算生活在过去里，我要承受住这一次打击，不能让它把我击垮。”

登普西很快从比赛的失败中走出来，退役后，他投身商业。他在纽约百老汇附近开设的一家以他名字命名的餐馆生意兴隆，顾客盈门，许多人慕名前来，一睹他的风采。最后登普西在幸福中度过了自己的晚年。

可见，只有放下，才能使现在的生活井井有条，才有可能创造生活的另一个奇迹。登普西正是由于放下了过去的荣辱，才没有被惨痛的失败打倒，才能重整旗鼓在商业领域创造了又一个辉煌，当然也收获了人生真正的快乐。

是的，如果我们永远沉湎于悲伤之事无法放下，那我们将永远悲伤；如果我们所想的都是快乐的东西，那我们自然而然就可以获得快乐；如果我们心头笼罩的全都是失败的阴暗，那我们将无法走出痛苦的泥潭。这正如一位名人所说的："你并不是你想象中的那种样子，而你却会是你所想的那种人。"

这是一个真实的故事，一个刚从精神病院走出的患者回忆了他三十年来的人生历程。

他说："我对什么事情都忧虑。我之所以忧虑，是因为我担心的事情太多了。

"上学时，我发现我正在掉头发，我怀疑自己得了某种疾病，因为我认为我家庭的生活条件不够好。

"离开学校走上社会时，我担心我给别人的印象不好，找不到好工作，我担心失去我想要娶的那个女孩子，担心永远都赚不到足够的钱来娶老婆。

"结婚后，我担心我无法和妻子相处，我担心妻子会不会在哪一天突然离去，我担心我会不会有孩子，能不能做一个好父亲。

"我每天都难以忍受这些痛苦，觉得我被所有的人抛弃了——甚至连最仁慈的上帝也抛弃了我。我真想跳进河里，一死了之。

"我精神崩溃的情况甚至严重到不能和我的家人沟通。我无法控制自己的思想，心里充满了恐惧，只要稍有一点点声响，我就会吓得跳起来。我躲开每个人，常常无缘无故地哭起来。

"后来，我的身体有了不适，我担心我是不是得了绝症，于是我无法再工作，就只好辞去工作。我内心越来越紧张，就像一个没有安全阀的锅炉，内心的压力终于达到了令人难以忍受的地步——结果真的出事了。

"所以，我想对人们说，如果你从来没有经历过精神崩溃的话，祈祷上帝，让你永远也不要有这种体验吧，因为没有任何一种肉体上的痛苦能够比精神上的那种极度痛苦更厉害的了。”

可见，正是由于想得太多，不懂得放下，所以这个人才会精神崩溃，走进痛苦的深渊。

快乐其实并不难，它是一种心境，甚至可以受行动感染。当我们饱受各种烦恼困扰，整个人紧张不安的时候，不妨挺起胸膛，做一个深呼吸，然后唱一首小曲，如果不会唱，那就吹吹口哨，如果不会吹口哨，那就哼一首歌。很快就会发现当我们努力用行动显示自己的快乐时，快乐果然就来到了我们的身边。

其实，一个人快乐与否并不取决于他有多少金钱，或者他有多么崇高的地位，而只取决于他的心境如何，懂不懂得放下。所以，要想快乐常驻自己身边，那就放下一切吧，放下重担、放下包袱、放下工作、放下官职、放下财富，只要放下得越多，收获也就越多，收获越多，人生的快乐也就越多。

拿得起、忘得掉

“君子坦荡荡，小人常戚戚”，因此，要想自己走出痛苦的迷宫，就得放下一些个人的恩怨，释放一些内心世界的压力，否则，生活就毫无快乐可言。

著名科学家爱迪生说过：“没有选择就没有放弃，没有选择就没有发展。”是的，人生是由无数个选择组成的，每一个选择都可能改变生命的航向，生命也并非一帆风顺的，危机和挑战随时随地会存在，如果此时此地的生活不能让自己快乐，不能让自己实现人生的愿望，何不勇敢地尝试改变，去另辟蹊径呢?

选择什么样的生活是自己的权力，这是别人无法取代的。每个人的生命都是伟大的、富有创造力的。失意的时候，如果一味沉浸在过去的痛苦里，只能白白地浪费光阴。唯有拿得起，忘得掉，包容过去，通融未来，才有可能创造人生新的春天。翻开成功人士的历史，就会发现这样的例子到处都是。

清朝著名文学家蒲松龄由于当时科举制度不严谨，科场中贿赂盛行，舞弊成风，他四次科举都落第了。最后他决定放弃“科考”这条可以使自己走上仕途的道路，选择了著书立说。

蒲松龄立志要写一部“孤愤之书”，于是他在压纸的铜尺上镌刻了一副著名的对联：

有志者，事竟成，破釜沉舟，百二秦关终属楚；

苦心人，天不负，卧薪尝胆，三千越甲可吞吴。

蒲松龄以这副对联自敬自勉。后来，历经几十个春秋，他终于写成了一部经典文学巨著——《聊斋志异》，而他自己也成了万古流芳的文学家。

蒲松龄虽然科举落第，与仕途无缘，但他拿得起，忘得掉，很快找到了成就自己的另一个方向，在这条新开辟的道路上，他取得了成功，既为后人留下了宝贵的精神财富，也找到了属于自己人生的真正的快乐。

由此可见，天涯处处有芳草，唯有充满信心，放下过去，真正认识自己，方能对人生做出正确的选择，从而抓住成功的机遇，走向生命的开阔处。歌德说：“一个人不能永远做一个英雄或胜者，但一个人能够永远做一个人。”这里，“做一个英雄或胜者”，就是“拿得起”；而“做一个人”，便是“忘得掉”。拿得起，实在难得，忘得掉，更是可贵。

生活中有许许多多的包袱，如果成天背着它，怎么能获得释然和洒脱呢？所以选择忘记吧，忘掉那些搅扰自己的生活琐事、忘掉生活中不可承载的压力、忘掉一切应该忘掉的东西，以一种豁达的态度去看待人生，以一种宽心的态度去享受人生，从而为自己营造一个轻松自由的空间、营造一片心灵的净土和一方恬静的家园。

有一个笑话：老和尚携小和尚游方，途遇一条河，见一女子正想过河，却又不敢过。老和尚便主动背该女子趟过了河，然后放下女子，与小和尚继续赶路。小和尚不禁一路嘀咕：师父怎么了？竟敢背一女子过河？一路走，一路想，最后终于忍不住了，说："师父，你犯戒了？怎么背了女人？"老和尚叹道："我早已忘掉，你却还忘不掉！"

是的，"忘掉"与"忘不掉"，全在人的一念之间。

人的一生，曲折而漫长，需要承载和面对的事情会很多，如果我们不能把握人生选择的机会，如果我们把一切重负都背在身上，那样只会让自己活得很累、很狼狈。苦苦地挽留夕阳的，是傻子；久久地感伤春光的，是蠢人，什么也不愿放弃的人，只会失去更珍贵的东西。如果能够领悟"拿得起，忘得掉"的道理，将会发现人生其实成功的机会很多，压力原来也并不可怕。因为只有懂得拿得起，忘得掉，才能永远保持一种健康的心态，拥有一份豁达的心情，才能真正享受人生的快乐！

学会将痛苦"格式化"

无论多么痛苦的回忆，我们都可以把它看做是人间影片的一个插曲，及时"格式化"，有助于我们调整悲观情绪，享受生活的快乐。

格式化这一概念源于电脑领域，简单地说，就是把数据清零，删掉存储器内的所有数据，并将存储器恢复到初始状态，从而提高工作性能。

其实人生正如电脑，电脑需要"格式化"，人生也需要"格式化"。人的一生，不可能没有一点挫折和痛苦，如果我们老是沉浸于回忆，悲观厌世，那么，只能是死路一条。忘却痛苦需要花很长的时间，因此，最省事、最直接的办法就是把痛苦全部"格式化"。人生无常，面对时刻都在变幻的世界，我们或多或少都会有一种无力感。太多的事情让我们担心了，如果不控制自己，这种悲观的情绪会把自己慢慢逼到死角。

有一位母亲总是十分悲观，她对什么事情都很担心，因此整天活在痛苦之中。

有一天，这位母亲独自一人去买东西，她把车停好，然后到商场采购。等她拎着大包小包出来，走到停车场的时候，发现几位警察正等在她的车子旁边。她慌了，不知道自己犯了什么错，慌乱之下，脑袋竟然一片空白，愣了好半天，才想起打电话给自己的女儿。

"我是妈妈啊！现在××商场的停车场，你赶快来！有好多警察围住了我的车子，不知道发生了什么事！你赶快来啊！"妈妈焦急地对着电话喊。

女儿正在开会，听到妈妈的声音已经变得颤抖，立刻请了假，朝着不远的商场跑去。当女儿赶到的时候，发现妈妈脸色发白，神情非常紧张。

女儿陪妈妈走到自己的车子旁边，气喘吁吁地问那几位警察：

"警察先生，发生了什么事吗？"

几位警察愣了一下，其中一位说："会发生什么事？我们在这值勤呢，警察也得有个地方站一站啊！"

还有一次，母亲患了流感住院，她躺在病床上痛苦地对家人说："我……我可能不行了！"

原来母亲在自己的病历上发现了一个惊叹号，她认为自己肯定是得了不治之症。家人无奈只好去找护士："护士小姐，为什么这一床病人的病历表上画了个大惊叹号？"

护士回答："那是要打点滴的标志，怎么啦？"

可见，情绪悲观，草木皆兵，这位母亲生活在巨大的痛苦之中。这位母亲的悲观，焦虑恐慌，既给自己带来了不幸，也让周围的人得不到安宁。生活中像这样悲观的人还有很多，他们常常担心天会塌下来，担心领导给自己小鞋穿，担心朋友背叛，担心小概率事件随时发生。总之，恐惧与其相伴，失望与其随形，悲观把他们折磨得痛苦不堪。

其实一个人的一生中或多或少都会产生悲观情绪，当一些事物不尽人心、让人们大失所望时，悲观情绪就会悄然无息地探访我们了。如果不做调整，就很容易一蹶不振，生活在悲观的黑暗之中，永无光明可言。庸者在悲观面前徘徊不前，智者却善于化悲观为乐观，将痛苦“格式化”，从而开创一片人生的新天地。

所以，当我们被诸如此类的烦恼困扰情绪紧张时，当我们承受巨大的打击时，请大声地告诉自己：凭借我的斗志和坚强的意志力，完全可以克服困难，可以改变自己痛苦的心境，让痛苦全部“格式化”。

告别往事，让爱快乐

爱情是快乐的，相爱，就要忘却爱情旅途中的那些往事，不爱了，就要放手，潇洒地和往事说再见。

学会忘却，是一种境界，学会忘却，我们就能做回快乐、幸福的人。

朝阳和小菲一个月前成为新婚夫妻。他们恋爱了三个月，便闪电结婚。

他们相识的时候同病相怜。他俩都失恋了，分手的性质都一样，都是其中一人对婚姻充满期待时，对方却遗憾地说：“对不起，我不能跟你结婚。”不同的是，小菲是被人抛弃，而朝阳则是抛弃了别人。

小菲说，当前男友告诉她，她只适合当情人而不是妻子的那一瞬间，她哑然了，什么也没说，只觉得整颗心被掏空了。不是痛，而是脑袋身体全变得空荡荡的，那些柔软的温顺的东西正一点点地外溢，从她体内慢慢滑出去……

男人变了心，恳求他回心转意，非但挽回不了，还得赔上自己那一点残留的尊严。于是，小菲转过身，给了对方自由。但男友人一走，她的身子就整个瘫软了。

朝阳那时也属茫然期，他说自己很爱前女友，但却无法忍受一个女人没有目标，甚至没有思想，只知道天天倚在家门口吃着零食等他回家。他说那种感觉很绝望，觉得这种爱情会让自己患上肌无力，唯有放弃。

朝阳与小菲这两个天涯沦落人之间的爱情是以相互取暖的姿态开始，而且发展得非常顺利。

说起朝阳求婚时的景象，小菲总是很甜蜜："虽然，他漫不经心地掏出一个连钻石也没有镶嵌的戒指，但我仍旧激动得哭了。那些甜言蜜语的情话，我在前男友那里听得太多了，就算搬来十箩筐的甜言蜜语又怎及一个最朴实的求婚来得真实？"

在婚宴上，朝阳和小菲相视一笑，潇洒地举杯："让爱和往事干杯！"

可见，相爱，就要懂得忘却，轻装前行，爱情的旅途才会快乐。

不爱的理由有很多，不一定是因为自己做错了什么，或者是别的什么原因，但是不爱了就是不爱了。与其夹杂着过去的烦恼，背负着现实的痛苦，倒不如潇洒地选择忘却，这不是让人去逃避，而是要在忘却中珍惜，在忘却后享受爱情的欢乐。

爱情犹如舞池里的圆舞曲，一定要两个人同心协力，依照相同的节奏，踩着相同的步伐，才能跳出动人的舞姿。如果一方累了，不想跳了，另一方硬要抓着他的手、拖住不让他走，请问这样跳出来的舞还会好看吗？一定不会，只会让两个人都跌个四脚朝天，把自己弄得十分狼狈不说，心情一定是糟糕透顶。

李闻最近郁郁寡欢，因为他已经快30岁了，终身大事还未解决。更气愤的是，前不久他相恋了3年的女友和一个有钱的人另结了新欢，失恋的李闻痛不欲生：既不能挽回又无法割舍那份3年的情感。

在一次朋友的聚会上，李闻在朋友家的阳台上看到了一盆蟹爪莲，绿叶葱葱郁郁，在阳光的映衬下绽着非常灿烂的笑脸。

"哇，好美！"李闻禁不住低呼一声。

"它很美吗？"朋友轻轻地来到李闻身边，"来，让我来给你讲一讲它的故事。"

"一年前，我在垃圾堆中发现了它的弱苗，当时它和一个破烂的花盆连在一起，已经被人抛弃了。于是我把它移到家里来，每天松土，浇水，太阳一出来，我就把它抱到阳台，享受阳光雨露的滋润。你看，一年了，它从困境中活了过来，它现在长得多好啊。”说到这里，朋友意味深长地看了李闻一眼，“天下没有过不去的坎，李闻，你说是吗？”

正在凝神观花的李闻若有所思。随后，他轻轻长舒了一口气……

可见，有时候忘却也是一种美丽。也许，我们心头总缠绕着一个结：认为无疾而终的分手，总是让人不甘心。于是为了这种不甘心，而苦苦地死守，以求能换来回心转意。可是这样做快乐吗？不能走出往事，永远在过去的阴影中停留，这样不仅会毁了别人，也会耽误自己。爱恨随缘，人生的爱有很多很多，有时，忘记抓不牢的，寻找更适合自己的也未尝不是一件好事。爱是一件快乐的事情，当爱情不再时，不要再在往事中徘徊，当对方执意要走，就让他走吧！忘却，这样才能真正获得心灵的快乐！

爱情绝对不是强扭的瓜蔓，给彼此带来深深的痛苦。爱情需要忘却，一旦在往事上穷追不舍，爱情就会像负重的蜗牛一样举步维艰。正如一首歌唱道：“孤单不一定不快乐，忘却不一定是软弱。”是的，不管往事如何，珍惜相爱的缘分才是最珍贵的，忘却痛苦的那些事，这样才能感受到爱情的快乐！

让往事随风而去

该忘记的往事都要忘记。忘记了人生旅途中的恩恩怨怨和是是非非后，就如同搬掉了“绊脚石”，快乐也如约而至。

生离死别、爱恨情仇、物是人非……许许多多痛苦的事情我们谁也无法回避，既然如此，那么怎样才能搬掉这些痛苦的“绊脚石”，让自己快乐起来呢？秘诀就是两个字：忘记！忘记曾经发生过的一切，让往事随风而去。

济慈寺中有一个修行颇好的和尚悟缘，当初在他入寺的时候，他最爱的父亲去世了，这对于内心孝顺的他来说无疑是一个沉重的打击，可是就在他父亲出殡的那天，悟缘竟然一改沉痛，甚至面带笑容地送走了父亲的遗体，然后神闲气定地走回自己破败的小屋。邻居都以为他是悲极而疯，可是从他的表现来看，好像又并非如此。

邻居大惑不解，便问悟缘："你失去了最后一个亲人，为什么你还这么高兴，难道你不知道这是对你父亲的一种不孝之举吗？"

悟缘不以为然地说："非也，非也，我的父亲已经去世了，无论我怎么痛苦，也无法让他老人家活过来，悲伤于事无补，不如忘记它，我快乐地生活着，也是九泉之下的父亲最希望看到的一件事。"

邻居恍然大悟。

可见，快乐是一种忘记。亲人的离去固然让人悲痛，但与其伤心不已，不如快乐地面对，从悲伤中走出来，这也许是九泉之下的亲人最希望看到的事了。忘记了过去，才能将更多的时间交给现在，精力充沛地面对现在的生活，信心百倍地去迎接未来，从而快乐地生活。

悟缘的做法值得我们借鉴。是的，很多人正因为忘不掉往事，比如说忘不掉亲人的生离死别，忘不掉爱情的恩怨情仇，忘不掉过去的是是非非，所以活得很累，往事就像一座大山一样压得自己喘不过来气，生活毫无快乐可言。

张阳最近老是失眠，经常借酒浇愁半夜发疯：因为前段时间他处了一个女朋友，他十分痴情，可是随着交往的深入，他心里越来越难受，原来他了解到女朋友在认识他之前，曾与另一个男孩子相处了六年。他本来考虑与她结婚，但越想越觉得生气，越想越感到委屈。他痛苦地对朋友倾诉说："她曾和别人有过六年啊……"

张阳把自己逼进了一个死胡同，他明知道是个死胡同，可还是要往里面钻，就像可怜的飞蛾，拼了命要在灯光那儿折腾。他忘不了女朋友的过往，但是又不愿意放弃，每天被这样的念头纠缠着，简直是痛不欲生。

是的，张阳正是因为搬不开女朋友往事的"绊脚石"，结果把自己逼进了死胡同。他用狭隘的思想把美丽的感情变成了地狱。本来，他找到了一个自己非常喜欢的女朋友，应该很快乐才对，但他偏不这样想，而是在她的过去上穷追不舍，这无异于是自寻烦恼。相信如果他搬不开这块“绊脚石”，那么他将永远与快乐绝缘，甚至与幸福绝缘。

要想做一个快乐的人，就要拿得起，放得下，就要让痛苦的往事随风而去，“船过水无痕，鸟飞不留影”。所有往事都不会成为影响现在快乐的理由，做到了忘记，那才是真正的洒脱，真正的快乐人生！

| 第11辑 |

放弃自己多为他人着想，人间大爱源于付出

在一些人眼里，世界是冰冷的，人与人之间是冷漠的。可是，当我们放弃自己多为他人着想，就会觉得世界处处是温情。所以，世界会因为我们的处世方式不同而不同。改变世界，先从改变自己开始。

自私是人生的极大阻碍

分享能让我们的胸怀变得更加宽广，使我们的生活也更加精彩，这是自私者永远也体会不到的快乐。赶快告别自私吧！快乐会回到我们身边。

生活是很简单的，但是，由于人的自私，使生活变得很复杂。有了自己的孤独，也增加了别人的痛苦，而自己还不知道是怎么回事，自己还会很无辜地问别人："你们为什么总躲我呢？"这种人在生活中从不顾及他人的感受，只图自己高兴，甚至根本无法意识到自己伤害了他人。这种人是可耻的，他们不懂别人的感受，不理解别人的心情，他们只会为自己的欲望而不管不顾，一味地去拿别人的痛苦换自己的幸福！

自私是天性，潜藏在每个人的内心深处，在我们的成长过程，我们懂得要不断地克服自私这一毛病，渐渐地使自己变得不那么自私自利。但是，有些人不但不克服反而让自私变本加厉，眼中除了自己，再也容不下其他任何人。

自私的人总是认为自己最重要，只有自己的东西才是来之不易的，所以他们对自己和自己所拥有的东西格外珍惜。哪怕是让他们付出一点点，他们都会觉得难以忍受，他们根本体会不到分享的快乐。这种"唯我独尊"的生活会给他带来他想要的一切吗？这样的人快乐吗？

古时候有一位富人，他拥有的财富很多，可是却特别自私，好东西全都留着自己用，对自己的妻子、儿女很苛刻，对别人就更是吝啬。因此，别人给他起了个绰号叫"铁公鸡"。他从来不向别人吐露他的心事，不管是苦还是乐都是一个人独自感受着。时间久了，大家都不愿和他多说一句话，并且慢慢疏远了他。可是，他的年龄越来越大了，他开始觉得自己很孤独很不快乐。他想得到亲人的关心，朋友的亲近，但他却发现别人都不愿靠近他，甚至躲着他。

在一个大雪纷飞的夜晚，当他的家人都在谈笑风生的时候，他独自在外徘徊。他来到悬崖边想一死了之，却被一个云游的和尚拦了下来，和尚问他为何想不开，是儿女不孝，还是无依无靠，他说不是，和尚又问了他许多问题，可他一直都在摇头。最后，他忍不住哭了，并把大家对他的态度告诉了和尚，和尚在倾听的过程中也找到了原因。于是，和尚问："你现在的心情如何？"富人停止了抽泣，说："心情好像舒畅了一些。"和尚接着说："你的心情好了一点，是因为你让我分享了你的苦恼，既然和我分享能让你快乐，那为什么不和你的亲人分享呢？如果你愿意分享你的快乐、你的财富，也包括你的烦恼，你会找回你的快乐。你先前的不快乐和被大家疏远，是因为你把一切都看得太严、太紧，你太自私，不愿让别人与你分享。所以，你就把自己推向了一个死角，由于你的自私你的世界越来越小，你感到越来越窒息。你要想不再孤独，就必须告别自私，学会分享。"

听完这番话，富人若有所思，他谢过和尚回家了。从那以后，他一改往日的吝啬和自私。慢慢地，大家终于接受了他，他的世界也变得宽阔起来，充满了欢声笑语。

自私的人一旦面临自己的利益与别人发生冲突时，会通过各种方式来满足自己利益，甚至不计别人的损失；此外，自私的人在进行自私行为的时候，即使察觉到了自己的行为可能会损害别人的利益，也仍然会为自己的利益不择手段。这些人也许会得到一时的满足，但最终的结果都并非是他们想要的。

自私的人只会打自己的小算盘，他的眼里只有索取，不会有任何付出。想一想吧，小算盘怎能算大账呢？不付出怎会有更大的收获呢？

从前有一个精明的商人，他历经千辛从远方带回了一些非常名贵的花卉，他想通过自己的培育大赚一笔。商人精心呵护着这些名贵的花卉，每日浇水施肥从不敢怠慢。不久，他得到名贵花卉的消息被传开了，许多亲戚朋友都来向他要花卉的种子，原本慷慨大方的他却一粒也舍不得给。他计划通过三年繁育，就可以拥有上万株了，到时候再开始出售和馈赠。

第二年的春天，他种的花都开了，花园里姹紫嫣红，尤其是那些名贵的花卉开得格外漂亮。到第三年的春天，这些名贵的花卉已经有几千株了，但让他忧心的是花没有去年开得好了，花朵不但小了，颜色也不纯了，有了一些杂色。又过了一年，花已经繁殖了上万株，但这位商人却更加忧心了：所有的花朵都变得更小了，颜色也更差了，完全没有了它原本的雍容和高贵。当然，他也没能靠这些名贵的花大赚一笔。这些花在原产地大面积地生长，年复一年地种植，也没出现这种情况啊。这些花到底是怎么回事呢？他百思不得其解。他便去请教一位园艺师，园艺师来到他的花园看了看，便问："隔壁是否种植这种花？"他摇摇头说："这里除了我之外，没有人有这种花。"园艺师沉吟了半天说："我已经知道原因了，尽管你的整个花园种满这种名贵之花，但在你附近的花园里却种植着其他的花卉，你这种名贵的花卉在传粉的过程中，被附近花园的花粉污染了，所以你的花才会开得一年不如一年。"商人问园艺师该怎么办，园艺师说："谁能阻挡风呢？要想使你花名贵依旧，只有让你附近的花园全都种上这种花。"商人听完后很惭愧，于是他就把名贵之花的种子分给了自己的邻里亲朋，第二年春暖花开的时候，整个村子的花园几乎成了花的海洋，花色绚丽，雍容华贵。商人真的大赚了一笔，当然邻居也跟着商人一起都发了财。

人生有太多的东西需要分享，只有分享才能获得更多，只有分享才会有快乐。自私的人很难与别人建立一种亲密的关系，自私只会把他们领进失败者的队伍中。特别是在当今社会，没有合作很难成就一番事业，更谈不上有较大的成功。

懂得分享，人生更快乐

人生需要分享，因为有了分享，我们才能更加满足、充实，才会更有斗志。分享是一种快乐，快乐需要分享，因为分享我们才会更快乐。

分享在我们的生活中是必不可少的，不管是快乐还是痛苦都要有人与自己分享，没有分享的人生，不管遇到的是苦还是乐，都将是一种惩罚。

在犹太教中安息日是必须休息的，教徒是不能做任何事的。但有一位年轻的犹太教徒酷爱射箭，在一个安息日，他觉得手痒，很想拉弓射箭。这个年轻人实在忍不住，决定偷偷跑去野外射箭，他想只射10箭就好了。由于安息日那天教徒们都不会出门，野外一个人也没有，因此年轻人觉得不会有人知道他违反规定。然而，当年轻人在射第2箭时，却被一个游历的使者无意中发现了，使者气愤地跑到上帝那里告状，说有个年轻人遵守教规，居然在安息日出来射箭。上帝听了，就跟使者说："我会好好惩罚这个年轻人的。"从第3箭开始，年轻人射出了从未有过的成绩，几乎把把射中中心。年轻人兴奋莫名，到射第7箭时，使者又跑去找上帝："上帝呀，你不是说要惩罚那个年轻人吗？为何迟迟不行动呢？"上帝说："我已经让他受到惩罚了。"直到射完第10箭，年轻人都是箭箭射中中心。成绩好得太出乎意料了，于是年轻人决定再射10箭。使者再一次找到了上帝："到底哪里惩罚他了？"上帝摇头笑了笑，没有回答。射完了20箭，年轻人乐坏了，因为这样的成绩在这个世界上没有人能做到，很开心的样子。使者见了更加生气了，便又去问上帝："这就是你对年轻人的惩罚吗？"上帝说："是的，他取得了如此惊人的成绩，心情又是如此兴奋至极，但他却不能告诉任何人，这难道不是最好的惩罚吗？"使者终于明白了上帝的用意，也因此而心悦诚服。

原来快乐也可以成为一种惩罚，快乐没有得到分享，得到快乐的人不但不会得到满足，还会因此而无趣。孟子说："独乐乐，不如与众乐乐。"一个人的生活中如果没有分享，那他的生命就如同白纸一样惨淡。

帮助别人也是帮助自己，想得到别人的帮助，就得先学会帮助别人；希望自己生活得好的人，也应该帮助其他人生活得更好；渴望自己过得更加快乐幸福，就要把自己的快乐幸福与别人分享。在我们生存的环境里，谁都无法孤立地生活，只有当个人的快乐与大家的快乐紧密联系在一起时才是真的快乐。

有一天，一个和尚找到佛祖，问道："天堂和地狱到底有什么区别？"佛祖听后就把他带到了一个房间，佛祖对这名和尚说："这就是地狱。"房间中间有一个大锅，里面装满了煮熟的食物，在锅的四周围着许多人，他们目光呆滞，面黄肌瘦，他们沮丧地望着手里的汤勺，由于汤柄太长，可以舀到食物但却吃不到食物。佛祖又带着这名和尚进人了另一个房间，并说："这就是天堂。"可这个房间与刚才进去的房间一模一样，同样是一口煮食的大锅，四周围坐着一大群人，手中都拿着同样的汤勺，汤勺的柄一样很长。但气氛却完全不同，这里的每个人都面色红润，精神抖擞，他们一边吃着，一边有说有笑。和尚看完这个房间，奇怪地问上帝："为什么同样的情景，天堂里的人可以快乐地吃着，而地狱里的人却愁眉不展呢？"佛祖微笑着说："难道你没有看到吗？这个房间里的人都学会了喂对方。"和尚听后恍然大悟。

英国诗人白朗宁所说的："把爱拿走，地球就变成一座坟墓。"是啊，不愿去喂对方，不懂得与人分享，我们的生活就如同地狱，我们要有一颗慈悲的心，随时关心别人的痛苦，帮助别人摆脱苦难，不管这个人是朋友，还是我们不认识的，甚至是曾经伤害过我们的人。只有这样我们才有可能得到别人的帮助，才可以得到真正的快乐。

有些人做什么事都斤斤计较，总害怕自己吃亏，害怕别人占了自己的便宜。这样的人不会明白分享的意义，也很难从分享中获得真正的快乐。如果无法理解分享的意义，那么请看看大自然吧：太阳和我们分享着阳光；蓝天和我们分享着宽广；大海和我们分享着雄伟；雨露和我们分享着温馨。大自然是多么的无私啊，没有它的分享，就没有世间万物，更何况人类，它求回报了吗？

我们的生活充斥着太多的喜怒哀乐，每一次欢笑，每一滴眼泪，都需要有人与自己分享。分享辉煌，让我们满足；分享挫折，让我们坚强；分享喜悦，让我们幸福。分享吧！朋友，分享自己生活中的点点滴滴，就会发现，自己的生活会更加多彩、更加幸福、更加快乐。

变独占为分享，让快乐加倍

千万不要向那些自私的人学习，他只会让我们成为孤家寡人，只会让我们感受到孤独与失落。而分享则恰恰相反，他不光可以给我们带来快乐，而且可以让我们的快乐加倍。

分享是一种美德。把自己的东西与别人一起分享，一些零食也好，一次愉快的经历也好，当选择与别人分享，就是把他们放在了自己心中重要的位置，想到快乐就会想到他们。

分享是一种需要，没有人拥有世间所有的美好。如果每个人都有一个想法：我把自己的告诉你，你把自己的告诉我。那么我们每个人都拥有了两个想法，同理推知，如果每个人都能够分享，那么我们就可以拥有自己原本没有的东西，让自己和他人都更加幸福。

分享是一种境界，与广场的鸽子分享我们的面包，与水池里的金鱼分享我们的饼干，与朋友分享我们的快乐和忧伤。如果我们有很多能够用来分享的东西，那生活就会有意义，会有能与我们分享的人，说明我们的周围还有朋友。

自私是万恶的根源，不要以为自私就能给自己带来利益，自私带给我们的只有孤立，这样的生活充满悲哀，不是吗？不懂得分享，有时还会让我们落入痛苦的深渊。

一天，佛祖看到地狱的入口有无数生前作恶的人，他们每个人的脸上都显示出无比痛苦的表情。

这时，一个恶霸抬头看到了慈悲的佛祖，马上祈求佛祖道：“救救我吧。慈悲的佛祖，不要让我进入地狱，我一定改过自新。”

佛祖知道，这个人生前是个十恶不赦的恶霸，他不仅抢劫他人财物，还残杀生灵，连小孩子都不会放过，惟一的善举是：有一天他在走路时，刚要踩到一只小蜘蛛，不知道为何突然心生善念，稍稍移开了脚步放过了那只小蜘蛛。佛祖看他还有一点善心，于是决定就用那只小蜘蛛的力量让这个恶霸离开地狱之门。

于是，佛祖从地狱之口放下去一根蜘蛛丝，恶霸紧紧地抓住了这根救命的稻草——蜘蛛丝，然后拼命向上爬。可是，其他在地狱门口等待接受煎熬的人看到这根蜘蛛丝都蜂拥而来抓住不放，慢慢地，蜘蛛丝下吊了很多人。恶霸看到自己下面的人越来越多，担心这根细细的蜘蛛丝不能承受这么多人的重量，便从身上取出一把刀子，割断了自己身下的蜘蛛丝。可是，就在蜘蛛丝被砍断的一瞬间，蜘蛛丝突然消失了，所有的人又跌回到地狱的入口。当然恶霸也没有脱离苦海。

实际上，假如这个恶霸能够与他人分享生存机会，佛祖就会救他脱离苦海。但是他没有做到，所以，他也失去了离开地狱的机会。

有时候，许多东西不是与别人分享了，自己就会失去它，而是，只有当与别人分享的时候，自己才会得到更好的结果。生活中，那些懂得与人分享的人其实是最幸福的人，他们在与人分享的时候能够感觉到情绪的释放或者是快乐的蔓延。当这些情绪得到传播之后，痛苦的感觉会随风而散，快乐的感觉却会在瞬间在每一个人的心中盛开。

没有分享就不可能取得较大的成功，更不可能赢得别人的喜爱。所以，为了不成为一个失败的人，我们必须懂得分享，和家人、朋友甚至是陌生人共同分享生命中的美好。

与家人分享不难，与朋友分享也不难，难就难在与素不相识的陌生人分享。因为彼此之间没有任何涉及付出和责任的关系，彼此的生老病死都不在另外一个人所关心的范围之内，因此一个能够毫无怨言地与陌生人分享食物、分享快乐、甚至只是分享一个微笑的人，必定是一个心胸博大、热爱生活的人。胸怀博大的人与普通人的区别就在于，他们能够善于克服自己的自私的一面，至少能够表现出比别人少一点的自私自利。这也是他们在人生的路上受欢迎、受尊敬原因，也是他们能够在生活的点点滴滴之中发现真善美的原因。

“你眉头舒开了，所以我笑了；你眼睛红了，所以我哭了。”分享不但能找到自己的快乐，更能让人生丰富而不单调，多知己而少仇敌。

懂得分享，自己的快乐也会带给别人快乐的感觉，自己的幸福也是爱自己的人的幸福，自己的悲伤会有关心的人给自己安慰，自己的心痛时会有人给自己安慰和拥抱。我们分享所有的美好，我们分享所有的甜蜜，当快乐从一个人传递到两个人再到四个人再到更多时，世界也就快乐了起来。把我们的快乐告诉别人，我们也将得到别人的快乐。与人分享吧！生命因为分享而更加美丽。

给予是兑换快乐的最佳筹码

佛语中的“舍得”有更深远的意思，先有“舍”后才有“得”。先付出、奉献，而后才会得到自己想要的幸福与快乐。

在当今的社会，如果想实现自己的人生目标，就必须与他人分享资源，要与他人进行资源的交换。有人也许会说，为什么要我先给出资源，为什么他不先拿出来呢？试想一下，如果每个人都这么想，那我们常说的资源共享就没办法实现了。

我们不可以自私贪求，不要只想“别人能给我什么”，因为给与者的境界比接受者更高，给与者所获得的快乐，比接受者更丰富。只有懂得给与、懂得分享、懂得报恩的人生，才是有意义有价值的人生。

老方丈住在山上的寺院里好多年了。他为人豁达，好善乐施，周围的人们都很敬佩他。有一年，老方丈出去布道带回来几株菊花，让弟子们把菊花种在院子里。菊花越长越多，三年后，院子里开满了菊花，香味一直传到了很远的地方。来寺院烧香的村民们都要欣赏一下院子里的菊花，也都禁不住赞叹一番：“好美的花儿啊！”

有一天，山下的村子里有个村民觉得这菊花太香太美了，就想要在自己家的院子里也种上几棵。于是就开口向老方丈要几支菊花种子，老方丈高高兴兴地答应了他，并亲自动手挑了几株花开得最艳、枝杆最粗的菊花，连根须一起挖出送到那人家里。

消息很快传开了，几乎所有的村民都来要花，老方丈则高兴地满足每个人的愿望，帮助每个人挑选花种，挖出来送到人的手里。没过几天，院里的菊花就都被老方丈挖出来送人了。

弟子们看到菊花都被挖走了，满院没了花香，忍不住对老方丈说："本来我们这里应该是满院花香的，现在都送给别人了，我们什么也没有了，太可惜了！"

老方丈微笑着告诉弟子们："这样不正好吗？你们想想，这些菊花长在我们院子里，香味只在我们的院子里。把他们送给大家，三年以后，就会是满村的菊香了啊！"

弟子们听老方丈话后，才明白了老方丈的用意，脸上露出了笑容。

我们应该与别人分享美好的事物，让人们感受到它的美好，让更多的人都感受到这种幸福。即使我们自己一无所有了，心里也是幸福的啊！

许多人都喜欢索取，他们总希望别人为自己做点什么，甚至认为别人为自己所做的是理所当然的。对于给予者来说却恰恰相反，他们把为别人着想当成一种习惯，喜欢将心比心，认为付出是一件很自然的事情，他们更不会利用苦苦相逼来获得那么点可怜的满足。

很多人认为给予别人是会吃亏的，只有傻瓜才会那样做。他们在付出之前，首先考虑的是对他们有没有好处。正因为有这种想法，他们的付出才显得小心翼翼。其实每个人的心中都有一杆秤，当只知索取的丑态原形毕露之后，肯定也会受到道德的谴责。

从前，有一个国王拥有很多宝物。在这些宝物之中，有一件是他最珍爱的：一瓶世上罕见的长寿药水。据说，无论谁只要喝一点瓶中的长寿药水就能延寿几百年。但是，国王却把它保管得很严，谁也没有喝过，哪怕是一滴。但是它又那么神奇，引得各地的臣民蜂拥而至，请求国王赐给他们几滴长寿药水，这些要求都被国王拒绝了。

除了臣民以外，国王的朋友们也来了：他们有的年纪老迈，还有的病重将不久于人世，乞求国王救救他们，哪怕是闻闻味儿延寿几年都知足。国王却推托说，如果赐药水的先例一开，药水很快就会消失殆尽自己则无法享用了。所以，国王以决不开此先例为由，将这些朋友们都打发掉了。

当国王看着朋友们一个个因衰老、疾病而去世，自己也已经年迈了。于是他命人取出那瓶尚未用过一次的长寿药水，准备延续自己的生命。装药水的瓶子取来了，可是瓶中的药水却因长年搁置不用已经挥发殆尽了，连一滴都没剩。

国王此时才后悔当初没有舍得与别人一起分享，那样自己最少也能获得几百年的寿命。

在人生的历程当中，付出与回报都惟妙惟肖地演绎着一种正比关系：报以别人的微笑多，自己收获的微笑就多，真诚的朋友、善意的帮助就会接踵而至。

吝于在人生之中分享自己快乐与忧愁的人，自然是多愁善感抑郁苦闷的人，最终只能如寓言中的国王一样悔恨不已。

在生活中，我们只要与别人分享幸福，分享快乐，分享亲情、分享资源……就会在分享中获得人生的幸福。要是不懂得分享，有时会让你落入痛苦的深渊。

获得可以让自己满足，而给予在自己得到满足的同时也收获了快乐。威廉·沃兹沃斯说过："一个好人生命中最珍贵的那一部分，就是他微小、默默无闻、不为人知的、发自仁慈与爱的善行。"但有些人只看得到的多寡，却不懂得给予，更看不到给予别人快乐的同时，自己能够获得更多的快乐。

苏霍姆林斯基说："对人来说，最大的欢乐，最大的幸福是把自己的精神力量奉献给他人。"在给予别人的时候，也提高自己的存在感，这就是人生的快乐所在。我们一旦选择了给予，就不要因为别人忘恩负义而郁郁寡欢，也不要因为得不到回报而闷闷不乐。当摆脱了世俗的物质观念，真诚地做一个给予者时，我们就会获得人世间最大的快乐。

按对方所需要的付出

爱的第一方面是慈，是给予喜悦、幸福的意愿和能力。也就是说，对于自己的所爱，不要将自己的意愿强加给他，不要给自己爱的人不需要的东西。

当我们为别人付出时，我们必须要明白他的情况，或明白我们所提供的东西会不会使他不快乐。所以我们要注意观察，学会聆听，这样我们将知道做些什么会使自己的所爱幸福，做些什么会使自己的所爱不快乐。

在南方，有很多人特别喜欢吃一种叫榴莲的水果，大大的还带着刺，味道特别强，北方人很难适应这个味道，而在南方有很多人吃完榴莲后还把皮留下，以便可以继续闻这味道。对一行禅师来说，榴莲的味道却让他害怕。有一天，一行禅师在南方的一座庙里念经，供桌上放着一颗硕大的榴莲，一行禅师也没办法让自己专下心来念经。终于，一行禅师受不了了就从佛堂里找了一个东西盖住那可怕的东西，才能继续诵经。大师后来和人调侃说："如果你跟我说：'师父，我很敬爱您，我想要请您吃榴莲。'我会苦不堪言。你敬爱我，你要我快乐，但你要我吃榴莲，我就感觉不到爱了。"

这就是一个有爱心无爱果的例子。本意是很好，但没有考虑到别人的需要。没有考虑到别人的需求，爱就会很盲目，这样的爱就不是真爱。生活中，很多人会有这样的困惑：明明自己付出了很多，却被对方斥责为"不爱"。其原因就是没有看到，付出也要按人所需，这样才会有价值，这样才能给你所爱的人带来幸福和喜悦。

一行禅师说："许多小事情也可以带来无比的喜悦，譬如说觉知自己有双好眼睛。只要睁开双眼，就可以看见蔚蓝的天、紫色的小花、树木和许多多彩多姿的东西。处于正念中，我们就可以接触到这些美妙和清新的东西，喜悦之心会油然而生。喜悦中有幸福，幸福中有喜悦。”生活需要喜悦心，爱更要一颗喜悦心。所以一行禅师又说：“真爱总是替我们和我们所爱的人带来喜悦。如果我们的爱无法替双方带来喜，就不是真爱。”

在农村，一些夫妻没有太多物质享受，更没有良好的经济基础，但他们之间也不乏有情调的婚姻生活。男人从田野回来，顺便会给女人摘一束野花，女人会在上面嗅个不停，随后会灌一啤酒瓶清水，把花插在里面养着；有时，男人会带来一些野果，放到女人嘴里，把女人酸得直咧嘴……女人闻的是花香，尝的是酸果，但在她心里荡漾着的确是一种甜美。男人看着女人嗅着花香和酸得直咧嘴的模样，这时候，他感到自己的女人是天下最美的，心里同样满揣着幸福。

为什么没有太多物质享受，更没有良好的经济基础，没有玫瑰，也没有烛光晚餐，但这些夫妻却显得那么幸福呢？很简单，他们能给彼此带来了喜悦。两个人有喜悦心，所以才幸福。真爱离不开喜悦，真爱就是给所爱的人带来喜悦；喜悦更是维持真爱的秘诀。

很多人会有这样的经历：两个人在恋爱的时候，常把这份独特的感情与生活分开来经营。这个时候，恋爱是奢侈的，两个人总会找一些由头，或而去喝一杯咖啡，或而去意大利餐厅去品尝名厨的菜肴，或而给女友送去一大捧鲜艳的玫瑰……一次花去几百或上千元也觉得没有什么不值，因为那种浪漫的感觉是在是太好了。结婚以后就不同了，似乎是婚姻把两个人从恋爱的浪漫拉回到生活的现实中来，恋爱时一杯咖啡的价钱，现在可能是两口子一个月的油米钱。这个时候，生活没有了咖啡、牛排，没有了花前月下，一点情调都没有了，两个人之间好像全是洗衣、做饭和油盐酱醋茶。婚后的生活伴随着时间的流逝，恋爱中的那种心跳的感觉，含情脉脉的眼神，有情调的一点一滴仿佛都被现实生活所吞噬。死气沉沉的婚姻让他们感到窒息，他们无所适从，要么选择凑合着过，要么迅速“散伙”，但这都不是他们想要的结果。

很多人不知道为什么婚前婚后会两个样，其实这就是缺少喜悦心而造成的。真爱在婚前充满喜悦中而浓，在婚后没有喜悦中而淡。所以，爱对方就给他喜悦，用喜悦维持你的真爱。

我们每个人的心是一片田野，在这片田野里，埋藏着幸福的种子，只要用真爱去浇灌，他一定会在自己的心田里生根发芽，并开出美丽的花。用我们的真爱去浇灌爱人的心田，同样也会开出幸福的花。学会为真爱播下喜悦的种子，让幸福生长，并保持旺盛的生命力。

爱不是索取，要学会分担

我们的一生要学会的东西很多，但最重要的还是要学会分享与给予，养成互爱互助的习惯。

当爱一个人的时候，应该懂得本着什么样的心态去爱，用什么样的行动去爱。如果说按对方所需要去付出是真爱的行为，那么有一颗悲心就是真爱的心态。悲，在佛法中的意思是指帮助别人止息痛苦、减轻忧伤。是带有深刻关怀的。那么，如何将悲化作爱的行动呢？也就是说，在生活中，我们拿什么去止息和转化别人的痛苦，减轻别人的忧伤呢？最直接有效的办法就是分担。道理很简单，别人肩负100斤的重担，你给他分担50斤，别人的担子就会轻很多。别人就会因为我们的分担而减轻重压的痛苦。有这样一个感人的而故事：

爱利奥是一名小学五年级的学生，她家的生活很清苦，生活的重担全压在父亲一个人的肩上。父亲白天在工厂上班，而晚上的时间则用来抄写封条挣些零花钱补贴家用。小爱利奥想帮父亲抄写封条，从而减轻父亲压力，但是父亲没有答应。于是爱利奥每天晚上等父亲睡了，自己再偷偷地爬起来抄写封条。因为父亲每天干的很晚，从来不会留意字迹的不同，第一周父亲领了工资回来，因为抄封条的收入多了不少，他非常开心，还带了一个鸡腿庆祝。爱利奥看着父亲脸上久违的笑容，心里也美滋滋的。长期以来的抄写，导致了爱利奥睡眠不足，功课退步，不知情的父亲还经常为此责骂她，小爱利奥默默地忍受着，直到有一天父亲才明白了一切。

爱利奥为父亲减少了痛苦，这就是真爱。其实，每个人都无法脱离他人、脱离社会而独立存在。天下间的任何一个人，不管你有多少财富，有多大能力，都有需要他人帮助的时候。很多时候，人与人在一起不是需要享受，而是需要分担，这是人与人相处最大的意义。亲情也好，爱情也罢，有分担才有真爱。

从前有个商人要远行，他带了一匹马和一头驴，在路上他让驴驮着所有的东西。驴太累了，于是对马说："请帮帮我吧，为我分担一点身上的东西吧，要不然我会没命的。"马没说话装作没听见。没多久驴被累死了。商人没办法只好剥下驴皮，卖了驴肉，然后将所有的货物连同驴皮都放在了马背上。马后悔极了，哭着说："假如我当时愿意为我的朋友分担一些货物，那我现在就不会这么累了。"

没有分担的世界是苦的，没有分担的世界是冷的，没有分担的世界更是悲惨的。——真爱的世界哪能是这样的呢？想想看，当爱人不堪重负的时候，而你却袖手旁观，爱又在哪里呢？分担重担，分担忧伤，分担苦楚，这样才是真爱。

看看秋天的大雁吧，它们长途跋涉向南方飞行，那么远的距离，它们如何坚持下来的呢？这就是大雁的V字队形理论。它们用叫声相互鼓励，轮流做领头雁，雁群中的每一个成员都会主动分担责任。当有一个大雁受了伤，队伍中会有两个大雁保护和陪伴它。正是这种相互分享力量、相互承担责任的精神，支持着它们飞完全程。

同样的，如果我们在学习中，在生活上也能够像野雁一样分享彼此的力量，分担彼此的压力，彼此借力共同完成艰难的长途跋涉，那么我们也一定能够完成更伟大的目标。

北方有个小村庄，村口住着两户人家，一家，夫妇俩都很健康；而另一家，男人是双目失明，女人是下肢瘫痪。很多人都以为，夫妇俩都很健康的那一家一定过得幸福快乐，残疾的那一家肯定过得穷苦艰难。但事实恰恰相反，健康的夫妻总是吵架，家庭气氛非常紧张。而残疾的那家人一天到晚总是开开心心，脸上始终闪烁着幸福笑容。于是，健康的那家人很纳闷，就去问残疾的那家人，为什么我们什么都有了，却不快乐，而你们家过得这么艰难，却能过的这么开心呢？女人说，我为什么不高兴呢？我不能走路，但他愿意做我的双腿，让我跟其他人一样看到这美丽的世界；男人说，我虽然看不到东西，但是愿意做我的双眼，让我知道这个世界色彩斑斓。

健康夫妻终于明白了，他们一直都在按照自己想法生活，从来没有考虑过对方的感受。所以，他们总是相互埋怨，不断争吵。其实，在他们健康的外表下，隐藏着我们的看不到的残疾。

人生的路很长，只有学会分担，我们才能走得更远。当我们知道自己所爱的人痛苦的时候，我们只要坐到他旁边，看着他、倾听着他的诉说、感受着他的苦楚与他有心灵沟通和交流，这样，就可以给他带来些许的安慰。在一行禅师看来，真爱中的分担形式是多样的。他说：“一人慈悲的话、行动或念头，就可以减缓另一个人的痛苦，带给他喜悦。言语可以带来安慰和自信，摧毁疑虑，帮助他人避免犯错，或是打开解脱的大门。”

分担是真爱的核心，是慈悲的体现。拿什么爱我们的父母，子女，朋友，情人？很简单，为他们分担就可以了。人生的路要走很长，也很艰难，只要我们学会分担，就可以走得更好更远。

先爱别人，才有人爱自己

索达吉堪布说："爱是阳光，让心灵的鲜花开放；爱是雨露，滋润仇恨的心灵；爱是和煦的微风，吹去心头的阴影。"

世界是互动的。我们给世界多少爱，世界就会回报我们多少爱。当接受别人爱的同时，不要忘记给别人关爱。爱给人的收获远远大于恨带来的暂时满足，重要的是改变世界前先试着改变自己。一个人少爱，得不到爱，是因为他没有一颗爱别人的心，因为爱是相互的，你付出多少爱，才有可能得到他人的爱。

有一个年轻人，由于在生活中遇到了很多的误解和挫折，他感觉整个世界都在跟他作对，感受不到人间的爱。在不可摆脱的抑郁中，他度日如年，精神几乎要崩溃。

有一天，他登上了一座风景秀丽的大山。当他看到其他人都悠闲地欣赏着美丽的风景，又想起了自己多年不幸的遭遇，他内心的烦恼像洪水般汹涌而至，他忍不住对着对面的大山大声喊道："我讨厌你们！我讨厌你们！我讨厌你们！"

没想到，空荡幽深的山谷不停地传来比他的声音大百倍的回声："我讨厌你们！我讨厌你们！我讨厌你们！"旁边正在旅游的人也也向他投来了疑惑的目光。

似乎群山都在回应，他越听越烦。不论走到哪里，这些怨恨的声音都在围绕着他，扰得他更加恼怒。

就在他被这些声音扰的心神不定的时侯，突然从身后传来了"我喜欢你们！我喜欢你们！我喜欢你们！"的声音。他扭头一看，原来在他身后有一个僧人在冲着他喊。

僧人微笑着向他走来，他便向一股脑说出了自己内心的苦恼。

听了他的讲述，僧人笑着说：“生活就像刚才我们的回音，你用什么样的心态说话，它就会用同样的语气给你一个同样回应。你先试着改变一下自己，换一种友善的心态去面对周围的一切，你会有意想不到的快乐。”

青年听了僧人的话，对着山谷喊道：“我喜欢你们！我喜欢你们！我喜欢你们！”群山真的传来了同样的回音，周围的游客们也给他送来了友好的微笑。年轻人的心情一下子舒畅了很多。

从此年轻人用和善的心态面对周围的一切，用笑脸迎接每一个人，他和别人之间的误解消除了，再没有人和他过不去，他的工作也走上了轨道，他也发现自己真的快乐起来了。

是啊，爱就是生活的回音壁，在生活中我们每个人都应该记住，我们付出了多少爱，生活就会回馈我们多少爱。希望得到别人的爱，就必须先去爱别人，付出的越多，得到的也会越多。

很多时候，爱不仅能换来爱，爱还可以化解心中的恨，这是爱给人带来最大的回馈。

有一位得道法师原来是一位富商的随从，他与那位富商的太太相爱，并有了私情。一次两人偷情被富商发现，为了自保他失手杀了那位富商，并带着他的太太逃往别处。为了生存他们做了山贼，但后来他由于厌恶那女人的贪得无厌，毅然离开了她。

他的内心一直在谴责自己所犯的罪过，所以他决定在有生之年完成一件善举。于是他就到一个寺庙出了家，做了一名游方僧人。

他知道那里有一座悬崖非常危险，已断送了不少人的性命。于是他决心在悬崖下面挖一条隧道，以方便人们通行。

他白天化缘，夜晚挖隧道，就这样日复一日，他已挖了一条长达2000米的隧道。

而此时那位富商的儿子已经学会了一身武艺。他为报杀父之仇四处寻觅法师，终于找到了他，要置他于死地。

法师平静地对他说：“我甘愿受死，这是我罪有应得。但是，请让我挖通这条隧道，它对于这里的人们来说实在太重要了。等我完成了这件事情之后，你就可以杀了我。”

于是，富商的儿子答应了他的要求，耐下性子等待着那一天。日子一天天过着，法师在不停地挖着。几个月过去了，富商的儿子在家闲等着无聊，便去帮法师挖掘隧道。在他们的共同努力下，一年后，隧道终于完成了。

法师放下手中的工具，长长地舒了一口气说：“我的心愿已经达成了，现在请你杀了我吧。”

此时，富商的儿子动情地说道：“你为了别人的方便付出了你30年的时间，我怎能忍心下手砍你的头呢？”

法师的慈悲和善举，化解了富商的儿子满腔的仇恨和怒火，让仇恨也变成了慈悲。所以说，当一个人懂得付出爱的时候，他不仅能得到爱，更能化解他人对自己的仇恨。付出的越多，得到的就越多。

所以，我们没有理由抱怨这个世界缺少爱，没有理由抱怨生活中人情淡薄，没有理由抱怨他人仇恨自己。而是要反观自己，看看自己对这个世界付出了多少爱。一个人得不到爱的眷顾，那不是世人的无情，而是自己做得不够。

| 第12辑 |

将清贫当成清修，改变不了现实可以改变心灵

很多人整天为贫穷而烦恼，其实人生的快乐不是由贫富决定的。假如天生贫穷，不妨就此放弃对金钱的追逐，减小欲望，让心灵获得解放，这样，即使没有很多金钱，也同样获得很自在的生活。

没有贪念，才不会招魔

面对名利之风渐盛的社会，面对物质压迫精神的现状，做到视名利如粪土，视物质为赘物，在简单、朴素中体验心灵的丰盈、充实，并将自己始终置身于一种平和、自由的境界。

生活中的陷阱太多了，金钱、名誉、地位、美女、机遇……其实，所有的陷阱都有一个共同的特点，就是抓住人心中最脆弱的那根弦，使人像中了魔似的不能脱身，毫不犹豫地掉进陷阱里。

从前，无果禅师为了专心参禅，在深山里一住就是20年，这20年来一直有一对母女细心地照料着他。

然而，这20年，他并没有取得太大的成就，他认为自己无法在那里修行得道，所以打算出去寻师问道，解除多年来心中的疑惑。

临行前，他向这对母女辞别时，她们对无果禅师说："禅师，您再多留几日吧。路上要风餐露宿，容我们为您做件衣服再上路也不迟呀。"母女的好意让禅师无法推辞，于是只好点头答应了。

母女二人回家后，马上着手剪裁衣服。衣服做好了，她们又包了四锭马蹄银，送给无果禅师作为路费，禅师心中无比感激，他接受了母女二人的馈赠，收拾行李准备第二天一大早就走。

到了晚上，无果禅师坐禅养息，半夜里突然出现了一个童子，后面还跟着许多人在吹拉弹奏。他们扛着一朵很大的莲花，来到无果禅师面前说："禅师，请上莲花台！这就是您要去的地方。"

无果禅师心里嘀咕："我的修行还没有达到这种程度，这种境况来得太早了，恐怕是魔境吧！"于是他没有理会，童子又说："禅师，请您坐上来吧，机会就只有这一次，错过了就再也不会有了哦。"抵不住童子的纠缠，无奈之下，无果禅师就把自己的佛尘插在莲花台上。童子与诸乐人便高兴地离去了。

第二天一大早，无果禅师正要动身时，那母女二人来到他家，手里拿了一把佛尘，问道："禅师，这可是您的物品？昨晚怎么会从我家母马的肚子里生了出来？"

无果禅师听后十分吃惊，说道："如果不是我的定力深厚，今天已经是你们家的马儿了。"于是将马蹄银还给了母女二人，作别而去！

莲花台就是一个陷阱，还好无果禅师识破它是个魔境，否则就被投入母马的肚子里面，成为一只小马了。

可见，掉进陷阱的人，十个当中有十个是因为贪恋不该属于自己的那份东西，被当时不属于自己的东西所诱惑，结果总是得不偿失的。

在物欲横流的现代社会，如何控制好自己的欲望，不仅关系到脚下的人生，更关系到我们每日的心情。生命属于个人，每个人有权设计自己的生活和人生道路。所有的心愿，只要符合法律和道德的要求，都应该受到尊重。但是我们必须明白：生命的过程中，一切物质及肉体都是不可靠的奴仆，想让自己的人生得以升华，就必须放下这些本性之外的东西，而追求生活本身淳朴，这样才能活得惬意。

人毁于欲，福于寡

只有懂得克制自己的人，才能冷静从容地控制局势，不急躁、有次序地前进，进而取得成功。

人在走向成功的道路上，都会遇到形形色色的诱惑，而显现出本能的贪欲。如想消除贪欲之心，免去贪欲之害，必须做到克制、忍耐。"人毁于欲，福于寡。"生活中，只有学会忍耐，以律己之心克制自己，常思贪欲之害，才能抵制欲望的侵扰，心胸坦荡地走好人生之路。

从前，波罗脂国有两个比丘。

一天，他们听说佛陀在合卫国大开法筵，演说妙法，两人便相约一同前往听佛陀开示法要。

两人收拾了简单的行囊，便向舍卫国出发了。烈日下，两人挥汗如雨地低头疾行，走着走着，觉得口干舌燥，但一路上却没有半点水源，两人只得耐着口渴，继续往前走。

正当两人走得精疲力竭时，突然，他们眼前一亮，一口井就在前面不远处。两人宛如沙漠逢甘霖般，欣喜地前去汲水。

当他们把水汲出井后，却发现水中有虫。这时其中一位比丘，顾不得水中有虫，就迫不及待地一饮而下。

另一位比丘，只是默然地站立于井边，喝了水的比丘见状就问："你不也很渴吗？为什么现在却不喝了呢？"

这位比丘答道："佛陀有戒，水中有虫不得饮用，饮了即犯杀生戒。"

喝了水的比丘就相劝说："您还是喝了吧，不然渴死了，连佛都见不到，更别说听经闻法了！"

没喝水的比丘听完，不为所动地说："我宁可渴死，也不愿意破戒而苟活！"

这位坚持不喝水的比丘就因此而丧命了。

但由于持戒的功德力，没喝水的比丘往生后立即生到天道，当天晚上就以神通力抵达佛所，顶礼佛陀，佛为他说法，他得到了法眼净。

而喝了水的比丘独自一人继续赶路，直到隔日才来到佛所，一见佛陀，立刻五体投地的至诚礼拜。

佛陀以神通智能力得知先前发生的事，他询问道："比丘，你从何处来？有没有同伴随行？"

比丘即一五一十地把路上发生的事禀告佛陀，佛即呵斥说："你这个愚痴的人，你虽然现在眼睛见到了佛，但是却没有真正地见到佛，那位持戒而死的比丘已先你一步来见我了。"

佛陀更进一步说："若有比丘放逸懈怠，虽与我同住在一边，也能常常见到我，但我却不曾见这样的比丘；若有比丘离我数千里，能精进用功、不放逸，虽然彼此相隔千里之遥，而这样的比丘却能常常见到佛，而佛也常常得见比丘。"

比丘听完佛的教导，若有所悟，羞愧地顶礼而退。

克制自己，才能完善自己，成就自己。若不克制，放纵自己被激情和欲望的心魔牵制，莫说难以成就事业，甚至会自取灭亡，走向可悲境地。

大千世界之中，抽象的自由与克制这两者之间，克制总是更为光荣。所以，唯有克制，才体现了高等动物的特性；上自天使的工作，下至昆虫的劳动——从行星的均衡到一粒尘土在万有引力下的趋向——一切生物、一切事物的力量与光辉，都存在于它们的服从之中，而不在于它们的自由。

安贫以守道，知足即是福

拥有花，就去深嗅花的芬芳，拥有草，就去欣赏草的青绿，怀有一颗知足心品尝已有果实和美味，才能获得真实的快乐。

有句俗话说："莫羡王孙乐，王孙苦难言；安贫以守道，知足即是福。"人生在世，贵在懂得知足常乐，要有一颗豁达开朗平淡的心，在缤纷多变、物欲横流的生活中，拒绝各种诱惑，心境变得恬适，生活自然就愉悦了。而人之所以有烦恼，就在于不知足，整天在欲望的驱使下，忙忙碌碌地为着自己所谓的"幸福"追逐、焦灼、勾心斗角……结果却并非所想。

从前，菩萨是一个大国的国王，名叫察微。有一次，在空闲的日子里，察微王穿着粗布衣服，去巡视民情。他看到一个老头正在愁眉苦脸地补鞋，就开玩笑地问他说："天下的人，你认为谁是最快乐的？"

老头不假思索地回答："当然是国王最快乐了，难道是我这老头儿呀？"

察微王问：“他怎么快乐呢？”

老头儿回答道：“百官尊奉，万民贡献，想要什么，就能有什么，这当然很快乐了。哪像我整天要为别人补鞋子这么辛苦。”

察微王说：“那倒如你讲的。”

他便请老头喝葡萄酒，老头醉得毫无知觉。察微王让人把他扛进宫中，对宫中的人说：“这个补鞋的老头说做国王最快乐。我今天和他开个玩笑，让他穿上国王的衣服，听理政事，你们配合点。”

宫中的人说：“好！”

老头酒醒过来，侍候的宫女假意上前说道：“大王醉酒，各种事情积压下许多，应该去理政事了。”

众人把老头带到百官面前，宰相催促他处理政事，他懵懵懂懂，东西不分。史官记下他的过失，大臣又提出意见。他整日坐着，身体酸痛，连吃饭都觉得没味道，也就一天天瘦了下来。

宫女假意地问道：“大王为什么不高兴呀？”

老头回答道：“我梦见我是一个补鞋的老头儿，辛辛苦苦，想找碗饭吃，也很艰难，因此心中发愁。”

众人莫不暗暗好笑。夜里，老头翻来复去睡不着觉，说道：“我究竟是一个补鞋的老头呢？还是一个真正的国王？要真是国王，皮肤怎么这么粗？要是个补鞋的老头又怎么会在王宫里？是我的心在乱想，还是眼睛看错了？一身两处，不知哪处是真的？”

王后假意说道：“大王的心情不愉快。”便吩咐摆出音乐舞蹈，让老头喝葡萄酒。

老头又醉得不知人事。大家给他穿上原来的衣服，把他送回原来的破床上。老头酒醒过来，看见自己的破烂屋子，还有身上的破旧衣服，都和原来一样，全身关节疼痛，好像挨了打似的。

几天之后，察微王又去看老头。老头说：“上次喝了你的酒，就醉得不晓人事，到现在才醒过来。我梦见我做了国王，和大臣们一起商议政事。史官记下了我的过失，大臣们又批评我，我心里真是惊惶忧虑，全身关节疼痛，比挨了打还痛苦。做梦都如此，不知道真正做了国王会怎么样？上次说的那些话错了。”

故事中补鞋的老头羡慕国王的生活，以为锦衣玉食、万民朝拜就是一种快乐，岂不知国王也有国王的苦恼，补鞋也有补鞋的乐趣。知足天地宽，贪则宇宙窄。放下肩头利欲的重担，拉住知足的手，珍惜所得到的所拥有的一切，在知足中进取，快乐将永远陪伴左右。

看轻身外物，就是自在人

我们应该平静地面对生活给予的一切，不要让欲望这个没有止境的黑洞来洞穿我们的心灵。

我们应该明白，我们所拥有的财物，无论是房子、车子、票子等，不管是有形的，还是无形的，没有一样是属于我们的，那些东西不过是暂时寄托于我们，有的让我们暂时使用，有的让我们暂时保管而已，到了最后，物归何主，都未可知。所以，何必为身外之物太过费心呢?

现代人越来越重视对金钱、权势的追求和对物质的占有，我们不妨换种想法，金钱和权力固然可以换取许多享受，但却不一定能获取真正的开心。

过去有个大富翁，家有良田万顷，身边妻妾成群，可日子过得并不开心。

挨着他家高墙的外面住着一户修鞋的，夫妻俩整天有说有笑，日子过得很开心。

一天，富翁的太太听见隔壁夫妻俩唱歌，便对富翁说："我们虽然有万贯家产，还不如穷鞋匠开心！"富翁想了想笑着说："我能叫他们明天唱不出声来！"于是拿了两根金条，从墙头上扔过去。修鞋的夫妻俩第二天打扫院子时发现不明不白而来的两根金条，心里又高兴又紧张，为了这两根金条，他们连修鞋的活也丢下不干了。男的说："咱们用金条置些好田地。"女的说："不行！金条让人发现，别人会怀疑是我们偷来的。"

男的说："你先把金条藏在炕洞里。"女的摇头说："藏在炕洞里会叫贼娃子偷去。"他俩商量来讨论去，谁也想不出好办法。从此，夫妻俩饭吃不香，觉也睡不安稳，当然再也听不到他俩的笑声和歌声了。富翁对他太太说："你看，他们不再说笑，不再唱歌了吧！办法就这么简单。"

鞋匠夫妻俩之所以失去了往日的开心，是因为得了不明不白的两根金条。为了这不义之财，他们既怕被人发现怀疑，又怕被人偷去，有了金条不知如何处置，所以终日寝食难安。

就像这对穷夫妻一样，一些中年男人现在拥有了年少时所渴望的东西，但他们却失去了快乐的感觉。原来当我们被身外物羁绊住时，我们就会迷失自己，无法弄清什么才是自己真正需要的。

对于懂得享受生活的人来说，任何不需要的东西都是多余的。要那么多的钱干什么？对于鞋匠来说，房子再大，适合睡眠的却只是一张床；锦衣玉食并不合他的心意，粗布衣衫、白粥咸蛋才是他的最爱。而这样的生活，需要那么多的钱吗？

很多人会说这是一个金钱推动的社会，是人们追求金钱的欲望以及拥有了金钱的虚荣使它永远向前。这是怎样的一种谬论啊！我们应该平静地面对生活给予的一切，不要让欲望这个没有止境的黑洞来吞噬我们的心灵。奢恋身外物的人，很难得到温暖，孤单和寒冷会一直抓住他们，让他们彻底迷失自己。

在我们今天的这个社会里，要冷静而坦然地面对身边的名利，的确很难，一般人都无法在心理上达到平衡。其实，与充满金钱的生活相比，平淡清贫不存在真正意义上的缺失和悬殊。金钱，生不带来，死不带去，而享有一次真正没有缺憾的生命，才是我们所追寻的人生价值之所在。

在俄国诗人涅克拉索夫的长诗《在俄罗斯，谁能幸福和快乐》中，诗人找遍俄罗斯，最终找到的快乐人物竟是枕锄瞌睡的普通农夫。是的，这位农夫有强壮的身体，能吃、能喝、能睡，从他打瞌睡的倦态以及打呼噜的声音中，流露出由衷的开心和自在。这位农夫为什么能开心？因为他不为金钱介怀，把生活的标准定得很低。

法国作家罗曼·罗兰说得好："一个人快乐与否，绝不依据获得了或是丧失了什么，而只能在于自身感觉怎样。"

有的人大富大贵，别人看他很幸福，可他自己身在福中不知福，心里老觉得不痛快；有的人无钱无势，别人看他离幸福很远，他自己却时时与快乐结缘。

有对下岗的中年夫妇在菜市上摆了个小摊，靠微薄的收入维持全家四口人的生活。这夫妻俩过去爱跳舞，现在没钱进舞厅，就在自家屋子里听着收录机跳舞。男的喜欢喂鸟，女的喜欢养花。下岗后，他们的鸟笼里依旧传出悦耳动听的鸟鸣声；阳台上的花儿依旧鲜艳夺目。他俩下了岗，收入减少了许多，却仍然生活得很快乐，邻居们都用惊异羡慕的目光看着他俩。

是的，也许我们无法改变自己的境况，但我们可以改变自己的心态。没了钱不要紧，但不能没有快乐，如果连快乐都失去了，那活着还有什么意义。快乐是人的天性的追求，开心是生命中最顽强、最执著的律动。

抛弃对身外物的贪欲，在物质世界和精神世界中，只要开开心心，生活的趣味就会更浓厚，恐惧和压抑感自然就会从内心深处消失。坦坦荡荡地做人，开开心心地生活，美好的日子就会永远留在我们身边。

降低一份欲望，得到一份幸福

在世界上所有获得幸福的途径中，降低欲望这种方法的投入产出比最高，它基本上不用你花一分钱，有时甚至能省钱。

一切世间的欲望，没有一个人不想满足，这些有着非常大的危害，为什么还要自找伤害？大大小小一切河流，全都流归大海。欲望不能满足，贪爱没有止境。欲望像越滚越大的雪球，蛊惑着人们拼命向前。那个向前通向幸福吗？幸福的标准又是什么呢？有许多人都不知道。人们的心灵被欲望占据久了，人心就会有些麻木了。

有一个从事房地产的年轻人，经过自己几年的打拼，在本地已小有名气了。他每天的生活就像上足劲的发条一样，被传真、资料、甲方以及各种方案塞得满满的。

一天，他加班到很晚，从公司出来后，走了很远的路也没有叫到车。走得热了，他停下来，解开领带，仰头出了口气。这时，他吃惊地看见星星在丝绒般的夜幕中闪烁着，洋溢着一种无言的美丽。一如他大学毕业前的最后一晚，几个要好的同学躺在学校图书馆前的草坪上看到的那样。那一晚，他们被血脉中扩张的青春激励着，广袤的星空与未来的前途一片光明。

从那以后，他几乎再也没有时间去注视过夜晚的星空了。因为自从他走入社会，他一直保持着弯腰向前奔跑的姿势。太忙了，欲望总在膨胀，目标总在前方，于是他不停地向前奔跑着……

每个夜晚的这个时刻，他多半在应酬或是在做楼盘计划和方案，他从没有想过哪怕透过一扇小窗，去望望宁静的夜空，倾听心灵一些细小的声音。

今天，当他自己站在这静谧的星空下，他突然想起以前在大学看过一位日本餐饮业巨头总结的成功之道：在其连锁店中能提供给顾客的，永远是17厘米厚的汉堡与4℃的可乐。据他的研究人员研究发现，这是令客人感觉最佳的口感。当然，你也可以选择把汉堡做成20厘米厚，把可乐加热到10℃，但它们并不意味着最佳口感。

对于幸福，其实也只要17厘米和4℃就够了。幸福，它是一路上持续发生的，就如深夜静谧而美丽的星空所带给人的震撼，而非那个令人疲惫的终极雪球。

幸福到底是什么？许多人都在问，其实得到幸福很简单。听一听自己内心的声音，扔掉那些对自己来说十分奢侈的梦想和追求，那么，你就被幸福包围了。

有位著名的心理学家说：“一个人体会幸福的感觉不仅与现实有关，还与自己的期望值紧密相连。如果期望值大于现实值，人们就会失望；反之，就会高兴。”的确，在同样的现实面前，由于期望值不一样，你的心情、体会就会产生差异。

一只老猫见到一只小猫在追逐自己的尾巴，便问道：“你为什么要追自己的尾巴呢？”小猫回答说：“我听说，对于一只猫来说，最美好的便是幸福，而这个幸福就是我的尾巴。所以，我正在追逐它，一旦我捉住了我的尾巴，便得到幸福。”

老猫说：“我的孩子，我也曾考虑过宇宙间的各种问题，我也曾认为幸福就是我的尾巴。但是，我现在已经发现，每当我追逐自己的尾巴时，它总是一躲再躲，而当我着手做自己的事情时，它却形影不离地伴随着我。”

同样道理，在现实生活中，人们总是喜欢拼命地追求、索取，以为这样便可以得到幸福。殊不知，当费尽心机地实现了这个目标，消除了一个烦恼，很快又会有新的没有实现的目标，又会有烦恼。如此反复，永无尽头。事实上，人们追求的东西往往是自己并不需要的。

成龙拍完《我是谁》这部大片之后，在一次采访中说，他拍电影的场地从非洲到繁华的都市，有着很深的感触。他说：“在非洲，人们很容易满足，有面包能吃饱肚子，那就是幸福的一天。可是，繁华都市里的人，不用担心三餐，却有着很多的烦恼，他们总是在追求自己所不需要的东西。”

其实，追求幸福最有效率的方法就是——降低你的欲望。通过心理调节，使自己能够平静地对待目标，从而减轻或消除心理负担，幸福也就会悄然而至。一位智者说：“人生不同的结果起源于不同的心态。”的确，假如世界变得灰暗，那是自己心中不够灿烂。只要降低一份欲望，便会得到一份幸福。

持平常心就会有幸福心

持一颗平常心，不为名利、美色所诱，不为金钱、地位所惑，不会为尘世的奢华而意乱情迷。用一颗平常心去生活，才能体会生活的真谛和幸福的真正意义。

“宠辱不惊，看庭前花开花落；去留无意，望天上云卷云舒。”是《小窗幽记》中的一副对联。恰恰从这一副对联中就可以看出作者的内心是何其的平静，无论外界是怎样的风起云浮，他依然可以幽然独坐，以平常心泰然处之，他心灵的那寸净土永远不会被任何声响和外物所打扰。这就是人生入世时的境界，这样才能从入世中的有我之境达到出世时的无我之境。

一位年轻人有幸得见一位得道高僧，就问：“高僧，为什么你是受人敬仰的高僧，而我却是常人，你我有什么不同之处吗？”

高僧答道：“有！”

“那是什么？”年轻人问道。

高僧回答：“我想吃饭的时候就吃饭，想睡觉的时候就睡觉。”

“这算什么与众不同的地方，每个人都是这样的呀，有什么区别呢？”年轻人不屑地说。

高僧答道：“当然是不一样的了！”

“这有什么不一样的？”年轻人问道。

高僧说：“很多人感觉饿了，并不能专心吃饭，思绪总会跑到九霄云外；困了，也不能安稳地入睡，这些人看似是睡着了，但潜意识还在活动，就是我们常说的做梦。而我就不是这样，吃饭就尽情地享受人间美味，什么也不想；困了，就平静地入睡，从来不做梦。”

高僧继续说道：“尘世中很难做到这样专心致志，原因就是他们没有一颗平常心。他们总是不停息地追求着金钱、地位、权利等等一些身外之物，为了一些利害得失，迷失了自我，更感受不到幸福的味道。只有将一颗平常心融入自然界，并遵循自然的规律，去感受生命的真谛，才能体会幸福的真正含义。”

常人之所以不能成为被众人敬仰的得道高僧，就是因为心存杂念，不能用一颗平常心来看待万事万物，他们行为往往会被功名利禄所左右，他们的情绪会因成败得失而起伏不定。

现在的人们为了追求所谓幸福的日子，不惜透支健康、支付尊严、出卖人格，到垂暮之时，我们会发觉年轻时孜孜以求的东西是那么虚无与缥缈，这时我们会对生命产生新的感悟，明白平常心是真谛，是福气。

如果拥有了一颗平常心，就可以将世事看穿、看透、看破，那么你就可以宠辱不惊，做到时时无碍、处处自在的境界。拥有一颗平常心就拥有了一种正确的处世原则，一分自我解脱、自我肯定的信心与勇气，不会高估自己，也不会自甘堕落。

其实，无论是比赛还是生活都如同弹琴，弦太紧会断，弦太松弹不出声音；保持平常心才是了悟之本。因为真正的幸福不是外在的繁华，而是内心的平静与安宁。

幸福就是让一切变得更简单

真正享受每一缕阳光，每一声鸟叫，每一丝凉风，每一天的简简单单，才是最好的生活。其实，真正的幸福生活，不是天天山珍海味，而是粗茶淡饭，一杯清茶，闲坐月下。

生活在飞速发展的现代社会，人们被充满物欲的繁杂信息蒙住了双眼，迷失了生活的方向。在一些人看来，生活就是得到的越多越充实，地位越高越风光。如果你用心去听、去看、去感受，你会发现：看潮起潮落、云卷云舒；听枫林鸟语；嗅春花芬芳；感受生活的起起伏伏……才是真正的生活，才是真正的幸福。

的确，在生活中，人们脚步匆匆，东奔西忙，没有平静，也不会简单。但在我们的生活中，我们可以寻求简单，过简单的生活。

一天，智真和尚三更半夜突然大叫："我大悟了！我大悟了！"

他这一叫惊醒了众多僧人，连方丈也被惊动了。众人一起来到智真的房间，方丈问："你悟到什么了？居然这个时候大声吵嚷，说来听听吧！"

智真郑重其辞地说："我终于悟出了一个道理———尼姑原来是女人做的。"

话音刚落，众人就哄堂大笑，"这算什么大悟呀，这是众所周知的事情呀！"

但是方丈却惊异地看着智真，说："是的，你真的悟到了！"

智真立刻说道："方丈，现在我要离开这里，下山去云游。"

众人都认为智真太傲慢了，说出这么简单的道理就要求下山云游，真是太目中无人了；竟敢对方丈这么无理，可恶！

然而方丈却不这样认为，他觉得智真到了下山云游的时候了，于是也不挽留他，提着斗笠，率领众僧，送智真出寺。到了寺门外，智真和尚接过了方丈给他的斗笠，大步离去，再也没有任何留恋。

方丈见众僧不解，便说道："智真真是前途无量呀！连'尼姑是女人做的'都能参透，还有什么禅道悟不出来的呢？虽然这是众人皆知的道理，但是有谁能从这里悟出佛理呢？这句话从智真的嘴里说出来，蕴涵着另一种特殊的意义——世间的事理，一通百通啊。"

生活其实就如同"尼姑是女人做的"一样简单，因为很多人把生活想得太复杂了，所以参不透生活的真正含义。要想生活的幸福快乐，就要把生活看得简单一点，因为生活本身是很简单的，快乐也很简单。